Corinne Renault-Brahinsky

L'essentiel *du* Droit de la famille

18e édition
2019 2020

Gualino
une marque de Lextenso

LES CARRÉS

Cette collection de livres présente de manière synthétique, rigoureuse et pratique l'ensemble des connaissances que l'étudiant doit posséder sur le sujet traité. Elle couvre :

- le Droit et la Science Politique ;
- les Sciences économiques ;
- les Sciences de gestion ;
- les concours de la Fonction publique.

Corinne Renault-Brahinsky, est Docteur en droit et auteur de nombreux livres de droit à destination des étudiants en droit (licence et master). Retrouvez-la sur Twitter (@CorinneRB) ou sur Facebook (L'auteur Corinne Renault-Brahinsky).

Du même auteur, chez le même éditeur

Collection « Carrés Rouge »

- *L'essentiel du Droit des personnes*, 13e éd. 2019-2020.
- *L'essentiel du Droit de la famille*, 18e éd. 2019-2020.
- *L'essentiel du Droit des obligations*, 15e éd. 2019-2020.
- *L'essentiel de la Procédure pénale*, 19e éd. 2019-2020.
- *L'essentiel du Droit des successions*, 11e éd. 2019-2020.
- *L'essentiel du Droit des régimes matrimoniaux*, 11e éd. 2019-2020.
- *L'essentiel des Grands arrêts de droit des obligations*, 2019-2020.
- *L'essentiel de la Réforme du droit des obligations*, 2e éd. 2018.

Collection « Mémentos »

- *Droit des régimes matrimoniaux*, 10e éd. 2019-2020.
- *Droit des obligations*, 16e éd. 2019-2020.
- *Procédure pénale*, 20e éd. 2019-2020.
- *Droit des personnes et de la famille*, 18e éd. 2019-2020.
- *Droit des successions*, 10e éd. 2019-2020.

Collection « Droit en poche »

- *La loi de programmation 2018-2022 et de réforme pour la justice décryptée*, 2019.
- *Le nouveau divorce sans juge*, 2017.
- *Le nouveau droit des contrats*, 2e éd. 2018.

70, rue du Gouverneur Général Éboué
92131 Issy-les-Moulineaux cedex
ISBN 978 - 2 - 297 - 07466 - 7
ISSN 1288-8206

PRÉSENTATION

L'ensemble des connaissances indispensables à la compréhension du droit de la famille est présenté dans cet ouvrage de façon claire et structurée en deux parties :

- la première sur le ***couple*** : les développements portent sur le ***concubinage (notion, effets), le pacte civil de solidarité*** (conditions, effets, dissolution) et le ***mariage*** (conditions, effets personnels, rapports pécuniaires, divorce) ;
- la deuxième partie est relative à la ***filiation*** : quels sont les principes généraux applicables au droit de la filiation ? Comment établir et prouver la filiation d'un enfant ? Quelles actions relatives à la filiation sont possibles ? Des développements spécifiques sont également consacrés à l'adoption et à l'assistance médicale à la procréation.

Cet ouvrage s'adresse aux étudiants en licence et master Droit ainsi qu'aux candidats des concours des professions judiciaires et juridiques.

L'ouvrage est à jour de la ***loi n° 2019-222 du 23 mars 2019 de programmation 2018-2022 et de réforme pour la justice***.

Avertissement

Par l'effet de la loi du 23 mars 2019, le Tribunal de grande instance et le Tribunal d'instance sont regroupés sous la dénomination de « ***Tribunal judiciaire*** » à compter du 1er janvier 2020.

N.B. : sauf précision contraire, les articles cités sont ceux du Code civil.

SOMMAIRE

SOMMAIRE

PARTIE 1
Le couple

SOMMAIRE

SOMMAIRE

SOMMAIRE

PARTIE 2

La filiation

SOMMAIRE

SOMMAIRE

SOMMAIRE

SOMMAIRE

Liste des abréviations

Cass. ass. plén.	Arrêt de la Cour de cassation siégeant en assemblée plénière
CESEDA	Code de l'entrée et du séjour des étrangers et du droit d'asile
C. civ.	Code civil
Cass. civ.	Arrêt d'une chambre civile de la Cour de cassation
CASF	Code de l'action sociale et des familles
COJ	Code de l'organisation judiciaire
CPC	Code de procédure civile
CPC exéc.	Code des procédures civiles d'exécution
CSP	Code de la santé publique
CSS	Code de la sécurité sociale
JAF	Juge aux affaires familiales
pacs	Pacte civil de solidarité

La notion de famille

Introduction

La famille n'est pas définie par le Code civil. Elle recoupe des réalités qui peuvent être très diverses, allant du couple ou d'un seul parent avec son enfant à l'ensemble des individus descendant d'un ancêtre commun. Pour la sociologie, il s'agit d'un groupe d'individus unis par une communauté de vie et également, dans de nombreux cas, par un lien de sang. Pour le droit, il s'agit d'un ensemble d'individus unis par la parenté ou l'alliance, c'est-à-dire par le mariage ou la filiation. De ces liens découle l'obligation alimentaire.

1 Les notions d'alliance et de parenté

L'alliance est le lien de famille issu du mariage. Le mariage crée un lien d'alliance entre les époux et leur famille mutuelle. Le lien d'alliance existe en ligne directe (beaux-parents, bru, gendre) et en ligne collatérale (beaux-frères, belles-sœurs).

La parenté est le lien du sang, résultant de la filiation.

■ *Le lien de filiation*

Avant l'ordonnance du 4 juillet 2005, on distinguait plusieurs types de filiations : la filiation était dite légitime lorsque les parents étaient unis par les liens du mariage, naturelle lorsque les parents n'étaient pas mariés. Parmi les enfants naturels, on distinguait les enfants naturels simples, dont les parents étaient tous deux célibataires lors de leur conception, les enfants naturels adultérins, dont l'un des parents ou bien même les deux étaient engagés dans les liens du mariage avec une autre personne lors de leur conception et les enfants naturels incestueux dont les parents ne pouvaient se marier en raison d'un cas d'empêchement légal découlant d'un lien de parenté entre eux. L'ordonnance du 4 juillet 2005 consacre l'***égalité des filiations***. Certaines conséquences particulières restent attachées à la filiation incestueuse. La filiation est dite adoptive lorsque le lien de filiation découle d'un jugement d'adoption.

■ *La parenté directe et collatérale*

a) La parenté en ligne directe

La parenté en ligne directe est le lien existant entre ascendants et descendants :
– ***descendants*** : enfants, petits-enfants, arrière-petits-enfants, etc.
– ***ascendants*** : parents, grands-parents, arrière-grands-parents, etc.

b) La parenté en ligne collatérale

La parenté en ligne collatérale est le lien qui existe entre des personnes qui ont un auteur commun. Il s'agit principalement des frères et sœurs, des cousins et cousines, des oncles et tantes, des nièces et neveux...

Si la parenté collatérale n'existe que du côté paternel (demi-frères ou sœurs par leur père), les frères et sœurs sont dits ***consanguins*** ; si la parenté collatérale n'existe que du côté maternel (demi-frères et sœurs par leur mère), les frères et sœurs sont dits ***utérins***.

2 Les effets de l'alliance et de la parenté : l'obligation alimentaire

L'obligation alimentaire découle de la parenté et de l'alliance. Elle a pour fondement la solidarité familiale. Le juge aux affaires familiales est compétent en matière d'obligation alimentaire (COJ, art. L. 213-3).

■ *Le domaine de l'obligation alimentaire*

a) Le lien de parenté ou d'alliance auquel la loi attache l'obligation alimentaire

L'obligation alimentaire existe entre époux, et parfois entre parents et entre alliés.

L'obligation alimentaire ***entre époux*** découle du devoir de secours et d'assistance prévue par l'article 212 du Code civil.

L'obligation alimentaire ***entre parents*** existe en ligne directe (art. 205 et s.) à l'infini, mais il n'est possible de solliciter une pension alimentaire, par exemple auprès des grands-parents, qu'après un échec auprès des parents tenus de l'obligation d'entretien.

L'obligation alimentaire n'existe pas entre ***alliés***, c'est-à-dire entre chaque époux et les père et mère de son conjoint, au-delà du premier degré. Elle prend fin ***en cas de décès de l'époux*** qui créait l'alliance lorsqu'il est décédé sans postérité issue de son mariage avec le conjoint survivant et en cas de divorce.

b) Le besoin du créancier

« Les aliments ne sont accordés que dans la proportion du besoin de celui qui les réclame, et de la fortune de celui qui les doit » (art. 208, al. 1er). Le créancier doit apporter la preuve de ce qu'il se trouve dans un ***état de besoin***.

c) Les ressources du débiteur

Le débiteur doit avoir les ***moyens financiers*** de subvenir à la fois à ses besoins, à ceux de ses proches et à ceux de celui qui invoque l'obligation alimentaire. Le juge doit se placer ***au jour où il statue*** pour apprécier les ressources du débiteur et du créancier.

Les parties peuvent ainsi demander la ***modification ou la suppression de la pension alimentaire*** lorsqu'apparaissent des éléments nouveaux. Il est également possible de prévoir une ***clause d'indexation*** (art. 208, al. 2).

■ *Les caractères de l'obligation alimentaire*

L'obligation alimentaire a un ***caractère personnel***. Elle s'éteint au décès du créancier et ne peut être transmise aux héritiers du débiteur. Il existe cependant quelques exceptions à cette intransmissibilité passive (par exemple pour les subsides).

La pension alimentaire est ***insaisissable.***

L'obligation alimentaire a un ***caractère réciproque,*** contrairement à l'obligation d'entretien : elle est due aussi bien par exemple, par l'enfant à son parent que par le parent à son enfant. Cette réciprocité connaît des limites notamment lorsque le créancier a lui-même manqué gravement à ses obligations envers le débiteur, lorsque le parent a fait l'objet d'un retrait de l'autorité parentale ou lorsque les enfants ont été retirés de leur milieu familial sur décision judiciaire durant une période d'au moins 36 mois cumulés au cours des 12 premières années de leur vie (CASF, art. L. 132-6, al. 2).

■ *L'exécution de l'obligation alimentaire*

Le juge fixe les modalités de paiement de l'obligation alimentaire.

L'obligation alimentaire est exécutée en principe en argent par le versement d'une ***pension alimentaire***. Elle peut également faire l'objet d'une exécution en nature par la fourniture de nourriture, de vêtements, etc. directement par le débiteur au créancier (art. 210).

La jurisprudence applique à l'obligation alimentaire la règle « ***Aliments ne s'arréragent pas*** ».

En cas de ***non-paiement*** de la pension alimentaire, la loi a prévu des procédures spécifiques qui s'ajoutent aux voies d'exécution ordinaires afin d'éviter que le créancier ne soit à la charge de la société.

Le non-paiement des pensions alimentaires peut donner lieu pour le débiteur à des sanctions civiles (retrait de l'autorité parentale, révocation de donation...) ou pénales (abandon de famille).

3 Les réformes récentes du droit de la famille

Loi du 11 juillet 1966 Loi du 5 juillet 1996 Loi du 4 juillet 2005	→	Réformes de l'adoption
Loi du 4 juin 1970 Loi du 22 juillet 1987 Loi du 8 janvier 1993 Loi du 4 mars 2002	→	Réformes de l'autorité parentale
Loi du 11 juillet 1975 Loi du 26 mai 2004	→	Réformes du divorce
Loi du 8 janvier 1993	→	Création du juge aux affaires familiales Extensions en 1995 et 2009
20 novembre 1989	→	Adoption de la Convention internationale sur les droits de l'enfant par les Nations unies Ratifiée par la France le 7 août 1990
Loi du 4 janvier 1994 Loi du 6 août 2004	→	Réglementation des procréations médicalement assistées
Loi du 15 juin 1999 Loi du 23 juin 2006	→	Création et réforme du pacs

Loi du 30 juin 2000	→	Réforme de la prestation compensatoire
Loi du 4 mars 2002 Loi du 18 juin 2003	→	Réformes du nom de famille
Ordonnance du 4 juillet 2005 (entrée en vigueur le 1er juillet 2006)	→	Refonte d'ensemble du droit de filiation
Loi du 4 avril 2006 Loi du 23 juin 2006 Loi du 14 novembre 2006	→	Réformes du droit du mariage
Loi du 5 mars 2007	→	Réforme de la protection de l'enfance Réforme de la protection des majeurs
Loi du 17 juin 2008	→	Réforme de la prescription en matière civile
Loi du 16 janvier 2009	→	Loi ratifiant l'ordonnance du 4 juillet 2005
Loi du 12 mai 2009	→	Extension des compétences du JAF
Loi du 9 juillet 2010	→	Lutte contre les violences conjugales
Loi du 28 mars 2011	→	Le notaire peut faire procéder à l'enregistrement du pacs
Loi du 17 mai 2013	→	Ouverture du mariage aux couples de même sexe Adoption conjointe pour les couples mariés de même sexe
Loi du 26 juillet 2013	→	Modifications relatives à l'arrêté d'admission en qualité de pupille de l'État
Loi du 6 août 2013	→	Autorise sous certaines conditions la recherche sur l'embryon et les cellules souches embryonnaire
Loi du 17 mars 2014	→	Relative à la consommation, elle précise les articles 220 et 515-4 du Code civil
Loi du 16 février 2015	→	Autorise le Gouvernement à légiférer par ordonnance notamment sur la liquidation du régime matrimonial suite au divorce
Ordonnance du 15 octobre 2015	→	Réforme de l'administration légale Création de l'habilitation familiale Simplification des modalités de liquidation du régime matrimonial après divorce
Loi du 14 mars 2016	→	Enfant adoptable : le délaissement remplace l'abandon Modification des modalités de révocation de l'adoption

Loi du 18 novembre 2016	→	Compétence de l'officier d'état civil pour la déclaration de pacs Divorce sans juge Modification du sexe sur les actes de l'état civil Changement de prénom
Loi du 23 mars 2019	→	Simplification du divorce et de la séparation de corps Simplification du changement de régime matrimonial Compétence du notaire pour les actes de notoriété Mesures de soutien à l'exécution des décisions de justice en matière d'autorité parentale

Le couple

PARTIE
1

Le mariage a été longtemps le seul statut proposé au couple par le Code civil. Un choix entre concubinage, pacs et mariage est désormais ouvert au couple homosexuel comme au couple hétérosexuel.

La notion de concubinage

Chapitre 1

Le concubinage constitue « une union de fait, caractérisée par une vie commune présentant un caractère de stabilité et de continuité, entre deux personnes, de sexe différent ou de même sexe, qui vivent en couple » (art. 515-8).

1 L'absence de condition relative à la différence de sexe

La jurisprudence des tribunaux français refusait encore en 1997 de reconnaître une valeur juridique au ***concubinage homosexuel*** (*Cass. 3e civ., 17 déc. 1997, n° 95-20779*).

Pour la première fois en 1993, le législateur (L. 27 janvier 1993) a décidé que toute personne vivant à la charge effective, totale et permanente d'un ***assuré social*** pouvait bénéficier de ses droits. Le texte ne fait aucune référence à un quelconque lien associant l'assuré à la personne qui vit avec lui ; il est donc applicable aux concubins homosexuels.

La loi du 15 novembre 1999 relative au pacs a consacré le ***concubinage homosexuel*** : le concubinage peut exister « entre deux personnes de sexe différent ou de même sexe » (art. 515-8).

2 L'existence de relations sexuelles

L'article 515-8 du Code civil parle de « ***vie en couple*** », ce qui semble supposer l'existence de relations sexuelles.

La ***doctrine traditionnelle*** (Josserand) considérait que les relations charnelles faisaient le concubinage. La ***doctrine actuelle*** est plus nuancée.

En l'absence de relations sexuelles, il convient d'examiner la ***volonté des deux personnes*** pour juger si leur situation peut être qualifiée de concubinage. Dans certaines situations, l'existence de relations sexuelles suffit à caractériser le concubinage. Dans d'autres, elle est insuffisante, par exemple lorsque deux étudiants vivent ensemble.

Dans certaines hypothèses, les relations sexuelles constituent l'élément justifiant la qualification de concubinage, par exemple pour le distinguer de la simple cohabitation, notamment lors de l'examen de la condition d'isolement et pour l'attribution de l'allocation de parent isolé ou de l'allocation de soutien familial.

Dans d'autres cas, la prise en compte du concubinage est fondée avant tout sur la communauté de vie (ex. : législation des loyers).

3 La communauté de vie

La doctrine est unanime pour faire de la communauté de vie un ***élément constitutif*** du concubinage. La loi du 15 novembre 1999 prévoit précisément que le concubinage est « ***une union de fait caractérisée par une vie commune*** » (art. 515-8).

Certaines règles concernant les concubins ne peuvent s'appliquer que s'ils ont une ***résidence commune*** (législation sur les baux d'habitation ou acquisition de la qualité d'ayant droit par exemple). La jurisprudence applique le même principe.

Néanmoins, comme il peut y avoir mariage sans vie commune, il y a des ***concubinages sans cohabitation*** (ex. : le concubinage est pris en compte pour calculer l'assiette de l'impôt de solidarité sur la fortune même en l'absence de vie commune).

4 La stabilité et la durée des relations

La loi du 15 novembre 1999 subordonne l'existence du concubinage à la ***stabilité*** et à la ***continuité de la vie commune***.

La doctrine et la jurisprudence considèrent également qu'***à défaut de vie commune***, le concubinage doit se caractériser par une stabilité et une durée des relations.

Avant la loi du 15 novembre 1999, la jurisprudence n'était cependant pas aussi exigeante et admettait qu'un concubinage puisse exister sans que les concubins aient eu l'intention que leur relation soit durable. En revanche, les rares textes prenant en compte le concubinage pour y attacher des avantages exigeaient que celui-ci ait duré un certain temps.

Les effets du concubinage

Chapitre 2

Le concubinage ne crée pas de lien juridique entre les concubins. Néanmoins, cette règle doit parfois être tempérée, les concubins bénéficiant notamment des dispositions reconnues aux couples quels qu'ils soient ou aux parents, mariés ou non.

1 La preuve du concubinage

Les concubins qui veulent bénéficier des dispositions qui leur sont reconnues par les textes ou la jurisprudence doivent faire la ***preuve*** de leur situation. Le concubinage étant un fait juridique, la preuve en est libre. Cette preuve se fait souvent par la production d'un ***certificat de concubinage***, délivré par les mairies. Toutes les mairies ne délivrent pas ces certificats, et les conditions de leur délivrance peuvent varier d'une commune à l'autre. Ces certificats n'ont aucune valeur juridique et précisent souvent eux-mêmes qu'ils n'engagent que la responsabilité des intéressés. Lorsque leur mairie ne délivre pas de certificat de concubinage, les concubins peuvent faire une ***déclaration sur l'honneur***.

2 Les rapports personnels entre concubins

Les concubins demeurent ***célibataires***. Le concubinage ne donne lieu à l'établissement d'aucun acte d'état civil et n'est pas mentionné en marge de l'acte de naissance des concubins.

Les concubins n'ont donc ***ni droits ni devoirs*** l'un envers l'autre tels que la fidélité, le respect ou l'assistance. Ce cloisonnement a des limites : ainsi, devant le tribunal d'instance ou en matière prud'homale, une partie peut ***se faire assister ou représenter*** par son concubin. Dans le même esprit, le concubin peut demander en justice l'ouverture d'une tutelle, curatelle, sauvegarde de justice, mandat de protection future ou habilitation familiale (art. 430) et être désigné comme tuteur ou curateur (art. 449).

Aucun lien de droit ne s'étant créé, il n'y a pas de lien de droit à dissoudre, et aucune faute ne peut donc être reconnue en cas de rupture. Néanmoins, certains tribunaux ont accordé des ***dommages-intérêts*** à des concubines abandonnées. La faute du concubin résidait alors soit dans les circonstances de la rupture, soit dans les circonstances de l'établissement du concubinage.

Une ordonnance de protection contre les violences au sein du couple peut être décidée par le juge à l'encontre d'un concubin violent (art. 515-9).

3 Les rapports pécuniaires entre concubins

En choisissant l'union libre, les concubins ont entendu ne pas se lier, ne pas s'engager mais leur vie commune entraîne immanquablement sur le plan pécuniaire des conséquences qu'il convient de préciser.

■ La propriété des biens des concubins

Chaque concubin conserve la propriété de ses biens. Les biens dont les concubins ne peuvent prouver l'origine sont considérés comme indivis mais chacun d'eux peut en apporter la preuve contraire. En l'absence de preuve des apports respectifs de chacun des concubins, le bien est présumé leur appartenir indivisément par moitié. Le droit commun de l'indivision leur est applicable. Les concubins peuvent ***préciser qu'un achat se fait en indivision.***

■ Les dettes des concubins

Toute ***dépense*** faite par un concubin est à ***sa charge exclusive***. Cependant, la jurisprudence considère parfois que chacun des concubins est tenu pour le tout aux dettes contractées pour les besoins du ménage, en application d'un ***mandat tacite***. La jurisprudence a reconnu une faute à l'encontre des concubins qui avaient créé une ***apparence*** ayant pu laisser croire aux créanciers qu'ils étaient mariés.

■ Les conventions de concubinage

Aucune règle de droit n'organise la vie commune des concubins.

Aucune règle de droit n'organise la vie commune des concubins. Ceux-ci peuvent toutefois organiser les modalités de leur vie commune dans une ***convention de concubinage***. Il s'agit d'un contrat par lequel le couple organise sa vie commune. Le contenu est libre, à condition de respecter l'ordre public et les bonnes mœurs. Les clauses qu'elle contient organisent généralement l'inventaire des biens appartenant à chacun des concubins, la participation de chacun aux dépenses courantes, le partage des biens en cas de rupture par exemple.

La convention de concubinage ne peut contenir de dispositions relatives à la propriété des biens acquis en cours de concubinage ou aux obligations personnelles de concubins telles que le devoir de fidélité ou d'assistance. En outre, les concubins ne peuvent pas prévoir dans leur convention des dispositions qui limiteraient leur faculté de rupture. Les concubins, comme les autres parents, peuvent conclure une ***convention par laquelle ils organisent les modalités d'exercice de l'autorité parentale***.

Les concubins ont la possibilité d'établir un ***inventaire des biens*** en dehors de toute convention de concubinage.

4 La dissolution du concubinage

Le principe de l'autonomie patrimoniale des concubins trouve souvent ses limites lors de leur séparation : il apparaît alors souvent à cette occasion que les nécessités de la vie commune ont entraîné un enchevêtrement des patrimoines. Le partage nécessite alors le recours à des mécanismes de droit commun.

■ *Les aspects personnels de la dissolution du concubinage*

Aucun lien de droit ne s'étant créé du fait du concubinage, il n'y a ***pas de lien de droit à dissoudre*** lorsque le concubinage cesse.

Le départ d'un concubin ne peut être considéré comme une faute, chacun d'eux étant libre de mettre fin unilatéralement à la vie commune. Cependant, certains tribunaux ont accordé des ***dommages-intérêts,*** sur la base d'une responsabilité délictuelle, à des concubines abandonnées. La faute du concubin réside alors soit dans les circonstances de la rupture, soit dans les circonstances de l'établissement du concubinage. L'existence d'une obligation civile a également pu être mise à la charge d'un concubin ayant pris certains engagements vis-à-vis de son ex-concubine, cette ***obligation civile résultant d'une obligation naturelle*** transformée par le jeu de l'engagement unilatéral du concubin (*Cass. 1re civ., 17 nov. 1999, n° 97-17541*).

■ Les aspects patrimoniaux de la dissolution du concubinage

À la dissolution du concubinage, les concubins doivent régler les conséquences de l'indivision qui a pu exister quant à leurs biens. À défaut de précision dans l'acte d'acquisition, les concubins sont réputés être ***propriétaires par moitié*** des biens qu'ils ont acquis et dont ils ne peuvent prouver la propriété. Cependant, il est possible d'apporter la preuve contraire. S'ils ont conclu une convention de concubinage, celle-ci peut faciliter le règlement des intérêts patrimoniaux des concubins notamment la question de la propriété des biens, à condition qu'ils aient été acquis avant le concubinage. En cas de désaccord, les concubins peuvent faire appel au ***juge aux affaires familiales*** pour la liquidation judiciaire de leurs intérêts patrimoniaux (COJ, art. L. 213-3, al. 1er).

Les biens dont un concubin ***peut prouver qu'ils lui appartiennent*** lui reviennent. Les biens ***acquis en commun*** par les concubins sont considérés comme indivis ; leur partage donne lieu à l'application des règles du droit commun de l'indivision à moins que l'un des concubins prouve qu'il en est seul propriétaire. Enfin, lorsque des biens ont été acquis ***au nom d'un concubin mais avec le financement de l'autre***, le concubin au nom duquel le bien est acquis en est le propriétaire et l'autre doit apporter la preuve de son financement pour recouvrer son apport.

Les concubins peuvent dans certains cas invoquer soit l'existence d'une société de fait, soit un enrichissement sans cause :

- selon la jurisprudence, la ***société de fait*** résulte de ce que les intérêts pécuniaires des concubins peuvent se mêler durant la vie commune. Les éléments constitutifs d'une société doivent être présents. La société de fait doit être liquidée lors de la séparation selon les règles du droit des sociétés ;
- l'***enrichissement injustifié*** (art. 1303) permet d'indemniser l'un des concubins de son travail, notamment dans le commerce de l'autre, lorsque cette activité n'a pas été rémunérée (le concubin ne peut alors invoquer l'existence d'une société de fait dans la mesure où il était alors le ou la subordonné(e) de son compagnon ou de sa compagne) ou d'obtenir le remboursement de sommes exposées pour ***financer des travaux*** réalisés dans l'immeuble appartenant à l'autre.

Les droits du concubin survivant

En cas de décès d'un concubin, le survivant n'a aucun droit dans la ***succession*** de l'autre en dehors d'éventuelles dispositions testamentaires. Cependant, le décès du concubin peut ouvrir des droits à son compagnon dans certains cas notamment :

- ***droit à réparation*** en cas de ***décès accidentel*** du concubin (art. 1240) ;
- ***droit au bénéfice de certaines législations sociales*** qui assimilent le concubin survivant au veuf (poursuite du contrat de bail, capital-décès par exemple). De même, certaines législations sur les ***pensions*** (militaires morts pour la France, mineurs par exemple) assimilent le concubin au conjoint marié. Le concubin peut également, à certaines conditions, percevoir le capital-décès ;
- possibilité pour un concubin de choisir les modalités de déroulement des ***obsèques*** de l'autre qui n'aurait pas émis de volonté explicite sur cette question.

Le pacte civil de solidarité (pacs)

Chapitre 3

Le pacte civil de solidarité (pacs) est « un contrat conclu par deux personnes physiques majeures, de sexe différent ou de mêmes sexes, pour organiser leur vie commune » (art. 515-1). Il a été créé par la loi du 15 novembre 1999, modifiée par les lois du 23 juin 2006, du 28 mars 2011 et du 18 novembre 2016.

1 Les conditions de la conclusion d'un pacte civil de solidarité

La conclusion d'un pacte civil de solidarité nécessite le respect de conditions tenant à la fois aux personnes et à la procédure.

■ *Quant aux personnes*

Les futurs partenaires doivent être ***majeurs*** et de ***mêmes sexes*** ou de ***sexes opposés***. Sont exclus du pacs les mineurs même émancipés. Le majeur en tutelle doit désormais simplement être assisté de son tuteur lors de la signature de la convention par laquelle elle conclut un pacte civil de solidarité. Il en est de même en cas de modification de la convention (art. 462, al. 1er – L. 23 mars 2019). L'assistance du curateur est nécessaire au ***majeur sous curatelle*** pour signer la convention de pacs. Pour la tutelle comme pour la curatelle, l'assistance est inutile au moment de la déclaration devant l'officier d'état civil. Le majeur placé sous ***sauvegarde de justice*** peut conclure un pacs sans aucune autorisation.

Le pacte civil de solidarité est également ***exclu*** entre :

- ascendants et descendants en ligne directe, entre deux alliés en ligne directe ou entre deux collatéraux jusqu'au troisième degré ;
- deux personnes dont l'une est déjà mariée ou est déjà liée par un pacte civil de solidarité.

La sanction de ces conditions est la nullité absolue.

Les frères et sœurs ne peuvent conclure ensemble un pacte civil de solidarité.

■ *Quant à la procédure*

La loi du 18 novembre 2016 pour la Justice du XXIe siècle a transféré la compétence du greffe du tribunal d'instance à l'officier d'état civil pour l'enregistrement du pacs. Les futurs partenaires doivent élaborer une convention préalablement à la déclaration devant l'officier d'état civil.

a) La convention

Les futurs partenaires doivent élaborer une convention permettant d'organiser les modalités de leur vie commune (art. 515-3).

La convention peut être rédigée ***sous signature privée*** (éventuellement avec l'aide d'un avocat) ou par un ***notaire*** (acte authentique). Les partenaires peuvent également rédiger leur convention sous signature privée puis la déposer chez un notaire. L'original de la convention rédigée chez un notaire est conservé par celui-ci qui en délivre des copies (« expéditions »).

Le ***contenu est libre*** ; il résulte de l'accord des futurs partenaires. Néanmoins, la convention doit obligatoirement faire référence aux dispositions de la loi du 15 novembre 1999 et aux articles 515-1 et suivants du Code civil. La convention peut prévoir les modalités de la participation de chacun des partenaires à la vie commune, le statut des biens, les modalités de dissolution du pacs, etc. Lorsque la convention prévoit les modalités de répartition des biens en cas de décès d'un partenaire, un testament émanant de chacun des partenaires doit confirmer ces dispositions. La convention doit être rédigée en langue française et comporter la signature de chacun des deux partenaires.

b) La déclaration conjointe

Les partenaires doivent déclarer conjointement qu'ils concluent un pacte civil de solidarité :

- soit devant l'***officier d'état civil*** de la commune dans le ressort duquel ils fixent leur résidence commune (art. 515-3, al. 1er) ;
- soit devant ***le notaire*** qu'ils ont chargé de rédiger leur convention, qui procède lui-même aux formalités d'enregistrement du pacs (art. 515-3, al. 5).

Les futurs partenaires doivent ***se présenter en personne*** lors de l'enregistrement du pacs devant l'officier d'état civil ou le notaire.

Les futurs partenaires ***produisent*** la convention passée entre eux par acte authentique ou par acte sous signature privée (art. 515-3), une copie intégrale ou un extrait de leur acte de naissance avec filiation de moins de 3 mois et une attestation sur l'honneur indiquant l'adresse à laquelle ils fixent leur résidence commune, qui doit être située dans le ressort du tribunal d'instance où est faite la déclaration conjointe de pacs. Des documents complémentaires sont exigés des personnes étrangères, divorcées ou veuves.

Si la déclaration est faite devant l'officier d'état civil, celui-ci l'enregistre, après avoir vérifié sa compétence. Si la déclaration est faite devant un notaire, celui-ci l'inscrit sur un registre notarial.

À la diligence de l'officier d'état civil ou du notaire, ***mention*** est faite en marge de l'acte de naissance de chaque partenaire, de la déclaration de pacte civil de solidarité, avec indication de l'identité de l'autre partenaire. Lorsque le partenaire est de nationalité étrangère et né à l'étranger, l'avis est adressé au service central de l'état civil du Ministère des affaires étrangères (art. 515-3-1).

Le pacte civil de solidarité ne prend effet entre les parties qu'à compter de son ***enregistrement***, qui lui confère date certaine (art. 515-3-1, al. 2). Il n'est ***opposable aux tiers*** qu'à compter du jour où les formalités de publicité sont accomplies.

Les partenaires qui sont d'accord pour ***modifier leur convention*** peuvent, comme pour la convention initiale, conclure à nouveau une convention sous signature privée (sur papier libre) ou par acte authentique (devant notaire). Les partenaires remettent ou adressent la nouvelle convention à la mairie qui a reçu l'acte initial afin qu'elle y soit enregistrée ou, lorsque la convention est modifiée par acte authentique, au notaire qui peut accomplir ces formalités. Les formalités de publicité sont identiques à celles accomplies lors de l'enregistrement de la convention initiale (art. 515-3-1, al. 2).

2 Les effets du pacte civil de solidarité

Le pacs ne donne pas lieu à l'établissement d'un acte d'état civil spécifique mais est ***mentionné en marge de l'acte de naissance*** de chacun des partenaires. Chacun des partenaires demeure ***célibataire***.

■ *Les devoirs réciproques*

Les partenaires s'obligent à une ***vie commune*** (art. 515-4, al. 1er).

Les partenaires liés par un pacte civil de solidarité s'apportent une ***aide matérielle et une assistance réciproques*** (art. 515-4, al. 1er). Lorsque la convention ne contient aucune disposition relative à ce point, l'aide matérielle est proportionnelle aux ***facultés respectives*** de chacun des partenaires (art. 515-4, al. 2).

L'article 515-9 du Code civil permet au juge aux affaires familiales de rendre une ***ordonnance de protection*** en cas de violences d'un partenaire contre l'autre avec notamment la possibilité d'évincer le partenaire violent du domicile commun.

L'***article 1751*** du Code civil, qui prévoit la ***cotitularité du droit au bail*** servant à l'habitation des deux époux et impose l'accord des deux époux pour tout acte de disposition portant sur le bail est également applicable aux partenaires qui en font la demande conjointement.

■ *La propriété des biens*

Chacun des partenaires conserve ***l'administration, la jouissance et la libre disposition de ses biens personnels*** et reste seul ***tenu des dettes personnelles*** nées avant ou pendant le pacte, à l'exception des dettes contractées pour les besoins de la vie courante.

Chacun des partenaires peut prouver par tous moyens, tant à l'égard de son partenaire que des tiers, qu'il a la ***propriété exclusive d'un bien***. Les biens sur lesquels aucun des partenaires ne peut justifier d'une propriété exclusive sont réputés leur appartenir indivisément, à chacun pour moitié.

Cependant, les partenaires peuvent, dans leur convention, ***opter pour le régime de l'indivision*** pour les biens qu'ils acquièrent, ensemble ou séparément, à compter de l'enregistrement de cette convention. Ces biens sont alors réputés indivis par moitié, sans recours de l'un des partenaires contre l'autre au titre d'une contribution inégale.

L'article 515-5-2 du Code civil prévoit la ***propriété exclusive d'un certain nombre de biens*** : les deniers perçus par chacun des partenaires, à quelque titre que ce soit, postérieurement à la conclusion du pacte et non employés à l'acquisition d'un bien, les biens créés et leurs accessoires, les biens à caractère personnel, les biens ou portions de biens acquis au moyen de deniers appartenant à un partenaire antérieurement à l'enregistrement de la convention initiale ou modificative aux termes de laquelle ce régime a été choisi, les biens ou portions de biens acquis au moyen de deniers reçus par donation ou succession ainsi que les portions de biens acquises à titre de licitation de tout ou partie d'un bien dont l'un des partenaires était propriétaire au sein d'une indivision successorale.

L'***emploi de biens*** ou portions de biens acquis au moyen de deniers appartenant à un partenaire antérieurement à l'enregistrement de la convention initiale ou modificative aux termes de laquelle ce régime a été choisi ou de biens ou portions de biens acquis au moyen de deniers reçus par donation ou succession fera l'objet d'une mention dans l'acte d'acquisition. À défaut, le bien sera réputé indivis par moitié et ne donnera lieu qu'à une créance entre partenaires.

À défaut de dispositions contraires dans la convention, chaque partenaire est ***gérant de l'indivision*** et peut exercer les pouvoirs reconnus par les articles 1873-6 à 1873-8 du Code civil (art. 515-5-3).

Pour l'***administration des biens indivis***, les partenaires peuvent conclure une convention relative à l'exercice de leurs droits indivis dans les conditions du droit commun de l'indivision conventionnelle (art. 1873-1 et s.), à l'exception des dispositions relatives à la durée, qui sera réputée être celle de la durée du pacte civil de solidarité, sauf disposition contraire des partenaires lors de la dissolution du pacte. À peine d'inopposabilité, cette convention doit, à l'occasion de chaque acte d'acquisition d'un bien soumis à publicité foncière, être publiée au fichier immobilier (art. 515-5-3, al. 2).

■ *La présomption mobilière*

Le partenaire qui détient individuellement un bien meuble (tout bien qui peut être déplacé) est réputé, à l'égard des tiers de bonne foi, avoir le ***pouvoir de faire seul*** sur ce bien tout acte d'administration, de jouissance ou de disposition (art. 515-5).

■ *Les dettes des partenaires*

Chacun des partenaires reste seul tenu des dettes personnelles nées avant ou pendant le pacte, à l'exception des dettes contractées pour les besoins de la vie courante (art. 515-4, al. 2) : ***toute dépense faite par un partenaire est à sa charge exclusive***. Celui qui s'est engagé doit payer personnellement son créancier. Si un partenaire a payé la dette de l'autre, il peut demander à son partenaire débiteur de lui rembourser la somme payée.

Les partenaires sont tenus solidairement à l'égard des tiers des dettes contractées par l'un d'eux pour les ***besoins de la vie courante***. Ainsi, le débiteur peut demander indifféremment à l'un ou l'autre des époux de payer la totalité de la somme due. Les partenaires ***ne peuvent prévoir une disposition contraire*** dans leur convention, tout comme les époux dans leur contrat de mariage. Sont exclues de cette solidarité les dépenses manifestement excessives, les achats à tempérament et les emprunts, s'ils n'ont été conclus du consentement des deux partenaires, à moins qu'ils ne portent sur des sommes modestes nécessaires aux besoins de la vie courante. L'article 515-4, alinéa 2 du Code civil précise *in fine* que « le montant cumulé de ces sommes, en cas de pluralité d'emprunts, ne soit pas manifestement excessif eu égard au train de vie du ménage ».

3 La dissolution du pacte civil de solidarité

Si les modalités de la dissolution du pacs diffèrent selon la cause de celle-ci, les effets sont identiques dans tous les cas.

■ *Les causes et modalités de la dissolution*

<table>
<tr><th>Causes</th><th>Modalités</th><th>Date à laquelle la dissolution prend effet</th></tr>
<tr><td>Mariage de l'un des partenaires</td><td rowspan="2">L'officier d'état civil ou le notaire instrumentaire qui a procédé à l'enregistrement du pacte, informé du mariage ou du décès par l'officier de l'état civil compétent, enregistre la dissolution et fait procéder aux formalités de publicité.</td><td rowspan="2">Date de l'événement.</td></tr>
<tr><td>Décès de l'un des partenaires</td></tr>
<tr><td>Volonté conjointe des partenaires du pacs</td><td>Les partenaires remettent ou adressent une déclaration conjointe écrite à l'officier d'état civil du lieu d'enregistrement du pacte ou au notaire instrumentaire qui a procédé à l'enregistrement du pacte.</td><td rowspan="2">Dans les rapports entre les partenaires : date de l'enregistrement devant l'officier d'état civil.
Dans les rapports avec les tiers : jour où les formalités de publicité ont été accomplies.</td></tr>
<tr><td>Volonté unilatérale de l'un des partenaires au pacs</td><td>Le partenaire signifie à l'autre sa décision et adresse copie de cette signification à l'officier d'état civil qui a reçu l'acte initial ou au notaire instrumentaire qui a procédé à l'enregistrement du pacte.</td></tr>
</table>

Le ***majeur sous tutelle*** peut librement rompre le pacs par déclaration conjointe ou unilatéralement mais il doit être assisté par son tuteur pour la signification prévue en cas de rupture unilatérale. La rupture unilatérale peut également être demandée par le tuteur autorisé par le juge ou le conseil de famille s'il a été constitué, après audition de l'intéressé et recueil, le cas échéant, de l'avis des parents et de l'entourage (art. 462, al. 4). Le tuteur est destinataire de la signification lorsqu'elle émane du partenaire du majeur placé sous tutelle. Il doit également représenter le majeur sous tutelle dans les opérations de liquidation du pacs (art. 462, al. 6).

Le ***majeur sous curatelle*** peut librement rompre le pacs par déclaration conjointe ou unilatéralement, mais il doit être assisté par son curateur pour la signification prévue en cas de rupture unilatérale.

■ *Les effets de la dissolution*

Les partenaires déterminent eux-mêmes les conséquences patrimoniales de leur rupture (art. 515-7). Le ***juge aux affaires familiales*** peut cependant intervenir en cas de désaccord (COJ, art. L. 213-3). Les règles de droit commun de partage des biens indivis sont applicables. La convention de pacs peut également prévoir les modalités du partage.

« Sauf convention contraire, les créances dont les partenaires sont titulaires l'un envers l'autre sont évaluées selon les règles prévues à l'article 1469 » (art. 515-7, al. 11), c'est-à-dire selon les règles d'évaluation des récompenses entre époux soumis au régime de communauté d'acquêts.

Les règles de l'enrichissement injustifié ou de la gestion d'affaires ne sont pas applicables : le pacte étant un contrat, les règles de droit commun de la ***responsabilité contractuelle pour inexécution*** des obligations sont applicables.

Les règles de l'***attribution préférentielle*** décrites à l'article 831, 831-2, 831-3 et 831-4 du Code civil s'appliquent lors de la dissolution du pacs (art. 515-6).

Le contrat de ***bail*** continue ou est transféré au partenaire de celui ou celle qui a abandonné le domicile commun ou est décédé (L. 6 juill. 1989).

Un partenaire peut demander ***réparation*** à l'autre du préjudice qu'il subit du fait de la rupture. En pratique, il est difficile de caractériser une faute dans l'exercice d'un droit qui est celui de rompre et qui est accordé par les textes.

Le partenaire bénéficie également d'un ***droit de jouissance du logement*** et des meubles meublants pendant une durée d'un an suivant le décès, comme le conjoint survivant (v. *infra* ; mais contrairement au cas du conjoint survivant, la disposition n'est pas d'ordre public c'est-à-dire que le défunt peut s'y être opposé notamment par testament).

En cas de dissolution par décès de l'un des partenaires, les prénoms et nom de l'autre partenaire sont mentionnés sur l'acte de décès (art. 79-4° bis).

Les conditions du mariage

Chapitre 4

Le mariage n'est pas défini par le Code civil qui n'en donne que les éléments et les conditions. En droit français, le mariage a un caractère laïc mais laisse ensuite le choix d'une célébration religieuse.

1 Les conditions positives du mariage

Le Code civil avait prévu des conditions d'ordre physiologique au mariage, qui disparaissent peu à peu. En revanche, l'importance donnée aux conditions psychologiques et de capacité tend à s'accroître.

■ *Les conditions physiologiques*

Depuis la loi du 17 mai 2013, le mariage peut être conclu entre personnes de même sexe ou de sexe différent (art. 143).

La femme et l'homme doivent tous deux être âgés de 18 ans révolus. Au-dessous de cet âge, une dispense du procureur de la République est indispensable (art. 145), ainsi que le consentement des père et mère.

■ *Les conditions psychologiques*

Le ***consentement*** des époux se matérialise par l'échange des « ***oui*** ». Il doit être conscient et sérieux. Est nul le mariage contracté dans un but étranger à l'institution matrimoniale, par exemple dans l'objectif d'obtenir la nationalité française ou dans un but successoral.

La volonté des futurs époux doit être ***exempte de vices***. Seules la violence et l'erreur sont prises en compte.

L'***audition*** des futurs époux par l'officier d'état civil, s'il l'estime nécessaire, permet de vérifier la réalité du consentement (art. 63).

■ *La capacité des époux*

a) Le mariage des mineurs

Le mineur doit obtenir une ***dispense*** du procureur de la République pour pouvoir se marier.

Le consentement au mariage d'un mineur est donné par le ou les ***ascendants*** et par le ***conseil de famille*** si tous sont décédés ou si la filiation n'est pas établie.

Si l'enfant est ***adopté***, le consentement est donné par le ou les adoptants selon si l'enfant a été adopté par un seul ou les deux époux.

b) Le mariage des majeurs protégés

Les majeurs sous tutelle ou curatelle doivent consentir eux-mêmes à leur mariage, sous peine de nullité absolue. Lorsqu'il projette de se marier, le majeur en curatelle ou en tutelle doit simplement en ***informer préalablement la personne chargée de la mesure de protection*** (art. 460 – L. 23 mars 2019). Il n'est plus nécessaire que le curateur, le juge ou le conseil de famille donne son consentement préalable (confirmant *CEDH, 25 oct. 2018, n° 37646/13, Delecolle c/ France*).

Le tuteur ou le curateur peut ***former opposition***, dans les conditions prévues à l'article 173, au mariage de la personne qu'il assiste ou représente (art. 175). Il devait auparavant y être autorisé par le conseil de famille.

2 La célébration du mariage

Il existe des conditions préalables et des conditions concomitantes à la célébration du mariage.

■ *Les conditions préalables à la célébration*

a) La production des pièces

Les époux doivent obligatoirement fournir un extrait de leur ***acte de naissance*** avec indication de la filiation datant de moins de 3 mois (art. 63 et 70), à défaut un acte de notoriété délivré par un notaire (art. 71), une pièce d'identité chacun, un justificatif de domicile (de l'un d'eux ou de l'un de leurs parents) ainsi que l'identité de 2 à 4 témoins.

Selon les cas, ils doivent ajouter des pièces supplémentaires, par exemple le certificat du notaire établissant le contrat de mariage s'il y en a eu un.

b) La publication

La publication a pour but d'informer le public du projet de mariage et de permettre éventuellement de provoquer des réactions qui prennent la forme d'« ***oppositions*** ».

Cette publication consiste dans l'***affichage***, à la demande des époux, du projet de mariage à la porte de la mairie du lieu de célébration du mariage pendant un délai de 10 jours (art. 63 à 65).

c) L'audition des époux

L'audition des époux a pour but d'éviter les mariages forcés ou simulés. Les futurs époux doivent obligatoirement être auditionnés en commun par l'officier d'état civil (ou le personnel de la mairie qu'il délègue à cet effet) préalablement au mariage, sauf en cas d'impossibilité ou si cette audition n'est pas nécessaire au regard des dispositions relatives à la nécessité du consentement pour la validité du mariage. Le mineur peut être auditionné hors la présence de ses père et mère et de son futur conjoint.

■ *Les conditions concomitantes à la célébration*

a) La publicité

Le mariage doit être célébré à la ***mairie*** du domicile ou de la résidence de l'un des époux ou de l'un de leurs parents ou bien du lieu de résidence de l'un d'eux depuis plus d'un mois.

Il doit être célébré en ***public*** – les portes de la mairie (ou du local communal affecté à cet effet) doivent être ouvertes – et devant des témoins.

En cas d'empêchement grave et avec l'accord du procureur de la République, le mariage peut être célébré au domicile ou à la ***résidence*** de l'un des époux.

b) La compétence de l'officier d'état civil

Le ***maire*** célèbre en principe lui-même les mariages, mais il peut déléguer ses pouvoirs aux adjoints ou aux conseillers municipaux.

La compétence du maire se limite au territoire de sa ***commune***. Il peut célébrer le mariage si l'un des époux au moins a son domicile ou sa résidence depuis plus d'un mois dans sa commune ou si l'un des époux a un parent dont le domicile ou la résidence se trouve dans sa commune. Une ***attestation sur l'honneur*** est demandée aux futurs époux pour prouver le domicile ou la résidence.

c) La présence des époux

La volonté des époux implique leur présence à la célébration du mariage.

Le mariage par ***procuration*** et le ***mariage posthume*** ont cependant été admis quelquefois en temps de guerre par exemple, ou pour des motifs graves.

La présence de deux à quatre ***témoins*** est obligatoire.

d) La célébration du mariage

Le mariage est célébré « lors d'une cérémonie républicaine » (art. 165). Le ***mariage religieux*** ne peut être célébré qu'après un mariage civil.

L'officier d'état civil fait ***lecture des pièces produites*** par les époux ainsi que des différents ***articles du Code civil*** relatifs aux droits et devoirs des époux (art. 75). Il demande si un ***contrat de mariage*** a été conclu afin de pouvoir en faire mention en marge de l'acte de mariage. Ensuite, les époux échangent leurs ***consentements***. Enfin, l'officier d'état civil dresse l'***acte de mariage*** puis remet le livret de famille aux époux. Le mariage est mentionné en marge de l'acte de naissance de chacun des époux.

■ *Les preuves du mariage*

Seul l'***acte de mariage*** peut constituer la preuve du mariage (art. 194). La possession d'état ne peut constituer une preuve du mariage (art. 195) ; elle ne peut constituer qu'un complément de preuve couvrant certains cas de nullité (art. 196).

En cas de perte des registres par force majeure, la preuve peut être reçue par titre ou par témoins.

En cas de destruction de l'acte par délit pénal, le jugement de condamnation sera retranscrit sur les registres d'état civil et tiendra lieu d'acte de mariage.

3 La sanction des règles relatives au mariage

Les empêchements au mariage qui n'auraient pas été respectés sont sanctionnés préalablement à sa célébration par les oppositions ou postérieurement par la nullité.

Les oppositions au mariage

a) La forme de l'opposition

L'opposition est l'acte (exploit d'huissier) par lequel certaines personnes déterminées par la loi (ascendants, certains collatéraux, le Ministère public...) donnent connaissance à l'officier d'état civil de l'inobservation de certaines conditions de formation du mariage (bigamie, incapacité...) et lui font ***défense de célébrer le mariage*** (art. 66 et s.).

Les oppositions sont de plus en plus rares. La loi du 24 août 1993, qui avait pour objectif de lutter contre les mariages blancs, a permis de leur rendre un certain intérêt.

b) Les titulaires du droit d'opposition

Les titulaires du droit d'opposition au mariage sont :

- ***les ascendants*** : une première opposition rejetée rend impossible une seconde opposition par un autre ascendant, fondée sur le même motif, à condition que le juge ait été saisi au fond (art. 173, al. 2) ;
- ***le premier conjoint*** : en cas de bigamie (art. 172) ;
- ***certains collatéraux*** : en cas de défaut de consentement au mariage du mineur ou en cas d'altération des facultés personnelles du futur époux à condition de provoquer ou de faire provoquer l'ouverture d'une mesure de protection juridique (art. 174 – L. 23 mars 2019) ;
- ***tuteur et curateur*** : ils peuvent former opposition dans les mêmes conditions que les parents ou ascendants du mineur, désormais sans autorisation préalable du conseil de famille (art. 173 et 175 – L. 23 mars 2019) ;
- ***Ministère public*** : en cas de bigamie, d'incompétence de l'officier d'état civil et de vice du consentement (art. 180).

c) Les effets de l'opposition au mariage

L'opposition est un ***acte écrit*** signifié par un huissier ; l'opposition verbale au moment de la cérémonie n'est pas valable. L'acte d'opposition cesse de produire effet après une année révolue (art. 176), sauf si l'opposition est renouvelée. Par exception, le Ministère public est dispensé de renouveler l'opposition.

L'officier d'état civil doit ***surseoir à la célébration du mariage***, mais les époux peuvent demander la mainlevée de l'opposition avant sa péremption.

La ***mainlevée*** volontaire est admise bien que non prévue par les textes. Elle suppose que l'opposant ait consenti à retirer son opposition. L'opposant peut se désister oralement devant l'officier d'état civil ou par écrit, c'est-à-dire par acte authentique, dont une expédition est remise à l'officier d'état civil ou par acte d'huissier.

La demande de mainlevée judiciaire peut être formée par les futurs époux, même mineurs, au tribunal de grande instance qui statue dans les 10 jours (art. 177).

Les nullités du mariage

a) Les causes de nullité

	Nullité relative	Nullité absolue
Causes	– vice du consentement – erreur sur la personne ou sur les qualités essentielles de la personne – violence physique ou morale (art. 180, al. 1er) – défaut d'autorisation familiale (art. 182)	– défaut d'âge légal (art. 144 et 184) – inceste (art. 161, 162, 163, 184) – bigamie (art. 147 et 184) – défaut de consentement (art. 146) (notamment fraude à la loi : « mariage blanc ») – clandestinité du mariage (art. 191) – incompétence de l'officier d'état civil (art. 191) – défaut de présence de l'un des époux (art. 146-1 et 191)
Délai de prescription (principe)	5 ans (art. 181)	30 ans (art. 184, 191)
Modalités de confirmation	– approbation tacite ou expresse de ceux dont le consentement était requis (art. 183) – écoulement d'un délai de 5 ans sans réclamation de ceux dont le consentement était requis (art. 183)	
Qui peut agir ?	Époux concerné Ministère public Époux qui avait besoin d'une autorisation (art. 182) Personnes dont le consentement était requis (art. 182) L'autre époux en cas d'erreur (art. 180)	Époux (art. 184) Tous ceux qui y ont intérêt (art. 184) Ministère public (art. 184) Premier époux en cas de bigamie (art. 188) Époux de bonne foi et Ministère public en cas de fraude à la loi (art. 190-1)

Les articles cités dans le tableau sont ceux du Code civil.

b) Les effets de la nullité

1) La dissolution rétroactive

L'annulation met fin au mariage ***rétroactivement***.

Disparaissent le droit au nom, le lien d'alliance, le régime matrimonial, les droits de succession entre époux et les donations entre époux.

Les ***enfants*** sont considérés comme nés pendant le mariage : la rétroactivité ne les touche pas.

2) Les limites à la rétroactivité : la théorie du mariage putatif

- LES CONDITIONS DU MARIAGE PUTATIF

L'application de la théorie du mariage putatif (art. 201 et 202) nécessite que l'un des époux au moins ait ***ignoré la cause de nullité*** du mariage, quels que soient la nature de l'erreur et le type de nullité (relative ou absolue) encourue.

La ***bonne foi*** se présume et doit avoir existé au moins au moment de la célébration (la découverte de la cause de nullité *a posteriori* importe peu).

- LES EFFETS DU MARIAGE PUTATIF

Le mariage produit ses effets ***à l'égard de l'époux*** qui a contracté de bonne foi, ou à l'égard des deux s'ils étaient tous deux ignorants de la cause de nullité.

À l'égard des enfants, le mariage produit ses effets dans tous les cas, même si les deux époux étaient de mauvaise foi : les enfants sont considérés comme nés pendant le mariage, leur sort est réglé de la même manière que lors d'un divorce.

Les effets du mariage : les rapports personnels entre époux

Chapitre 5

Le mariage produit une série d'effets juridiques généraux tels que l'émancipation de l'époux mineur ou la possibilité de porter le nom du conjoint à titre d'usage. Le mariage crée également des droits et des devoirs entre les époux.

1 Les devoirs réciproques

Le devoir de communauté de vie

Les époux ont une ***résidence commune*** (art. 215). Ils peuvent cependant avoir un domicile distinct, notamment pour des raisons professionnelles, à condition que cela ne porte pas atteinte aux règles relatives à la communauté de vie.

La communauté de vie ne peut théoriquement cesser qu'en vertu d'une ***décision judiciaire***. Les pactes de séparation amiable sont nuls.

Le « devoir de cohabitation » comporte le « ***devoir conjugal*** ». Le refus des relations sexuelles par un époux constitue une faute.

Les devoirs de respect, de fidélité et d'assistance

L'article 212 du Code civil *dispose que* « Les époux se doivent mutuellement respect, fidélité, secours, assistance ». Le Code civil ne définit pas la ***fidélité*** mais l'impose aux deux époux de manière similaire. L'infidélité peut être matérielle (adultère) ou morale (intrigues amoureuses).

Le devoir de ***respect mutuel*** oblige chacun des époux à respecter l'intégrité physique de l'autre ainsi que ses convictions morales (art. 212).

Le ***devoir d'assistance*** est d'ordre moral : les époux ont le devoir de s'entraider, ils se doivent mutuellement affection et dévouement (art. 212). En cas de séparation, ce devoir prend une forme pécuniaire et se confond avec le ***devoir de secours***.

2 La direction de la famille

« Les époux assurent, ensemble, la direction morale et matérielle de la famille » (art. 213), c'est-à-dire qu'ils prennent ensemble les décisions que requiert leur vie en commun et avec leurs enfants (autorité parentale). La direction de la famille repose sur un ***accord.***

Chaque époux a le droit de prendre seul chaque décision mettant en cause sa ***personnalité***, à condition que les effets d'une décision ne rejaillissent pas négativement sur l'autre époux.

Le ***mandat*** entre époux (art. 218) peut être jugé nécessaire si une décision urgente doit être prise alors que l'un d'eux est éloigné.

Un ***pouvoir de représentation réciproque*** est présumé, pour certains actes, par la loi : autorité parentale, contrats ayant pour objet l'entretien du ménage et l'éducation des enfants, etc.

Les effets du mariage : les rapports pécuniaires entre époux

Chapitre 6

Les règles relatives aux rapports pécuniaires entre époux organisent une interdépendance entre les époux mais assurent également une certaine indépendance au profit de chacun d'eux.

1 L'interdépendance des époux

L'interdépendance des époux se manifeste dans les dispositions concernant le logement de la famille, les charges du mariage et la crise du ménage.

■ *Le logement de la famille*

« Les époux ne peuvent l'un sans l'autre disposer des droits par lesquels est assuré le logement de la famille, ni des meubles meublants dont il est garni » (art. 215, al. 3).

Sont visés par ce texte le logement, les droits assurant le logement ainsi que les meubles qui le garnissent. Les actes de disposition, c'est-à-dire tous les actes qui emportent directement dessaisissement d'un élément patrimonial, sont interdits à un époux agissant seul, sauf deux exceptions : le testament et les actes de disposition forcée (expropriation, saisie, vente faite à l'initiative des créanciers par exemple). Le logement de la famille est ***indisponible mais pas insaisissable***.

À défaut de consentement du conjoint, l'***action en nullité*** est ouverte à celui-ci dans l'année. La nullité prive le cocontractant de toute action.

L'***article 1751*** du Code civil prévoit la ***cotitularité du droit au bail*** servant à l'habitation des deux époux. Il impose l'accord des deux époux pour tout acte de disposition portant sur le bail.

■ *Les charges du mariage*

a) La contribution aux charges du mariage

Chaque époux a le devoir d'apporter sa contribution aux charges du mariage (art. 214).

Cette contribution correspond au ***train de vie*** fixé par les époux et comprend donc les dépenses courantes et nécessaires ainsi que les dépenses élevées et exceptionnelles.

Les époux peuvent déterminer cette contribution par ***convention***. À défaut, chacun apporte ***selon ses possibilités***.

La contribution aux charges du mariage peut s'exécuter en argent, en nature par exemple par la mise à disposition de la famille, à titre gratuit, d'un bien immobilier constituant un propre pour le logement de la famille ou ***en industrie*** par le travail au foyer ou dans l'entreprise de l'autre époux.

Lorsque l'un des époux ne contribue pas, l'autre peut avoir recours au juge aux affaires familiales (CPC, art. 1069-1 et s.) puis aux procédures de recouvrement forcé telle que par exemple la procédure de paiement directe des pensions alimentaires (CPC exéc., art. R. 213-1 et s.).

b) L'obligation aux dettes ménagères

Les époux sont tenus solidairement aux dettes contractées pour les ***besoins de la vie courante*** (art. 220). Chacun des époux a le pouvoir d'agir seul en matière ménagère, chacun d'eux engageant alors tous les biens du ménage.

Les dettes doivent avoir pour but ***l'entretien du ménage et l'éducation des enfants***. L'obligation aux dettes ménagères ne concerne pas les dépenses manifestement excessives eu égard au train de vie du ménage, les achats à tempérament, ni les emprunts sauf s'ils sont modestes et nécessaires aux besoins de la vie courante. L'article 220, alinéa 3 du Code civil exige désormais *in fine* que « le montant cumulé de ces sommes, en cas de pluralité d'emprunts, ne soit pas manifestement excessif eu égard au train de vie du ménage ».

■ *La crise du ménage*

Lorsqu'un époux se trouve hors d'état de manifester sa volonté (hospitalisation, âge avancé...), lorsqu'il met en péril l'intérêt de la famille ou lorsque les époux sont en désaccord, la vie patrimoniale du ménage peut s'en trouver affectée. Outre les retraits et transferts de pouvoir, le Code civil permet au juge aux affaires familiales, en cas de crise du ménage, de prendre une ordonnance de protection en cas de violences d'un époux contre l'autre avec notamment la possibilité d'évincer le conjoint violent du domicile conjugal (art. 515-9 et s.).

a) Les retraits de pouvoir

Les retraits de pouvoir sont ordonnés lorsqu'un époux met en péril la famille par son comportement :

– ***retraits à caractère provisoire*** (art. 220-1) : en cas de manquement grave de l'époux à ses devoirs patrimoniaux et extrapatrimoniaux ;
– ***retraits durables*** : ils ne sont prévus que pour le régime de communauté légale :
  - *art. 1426* : en cas d'inaptitude ou fraude d'un époux dans la gestion de la communauté, l'époux peut se voir retirer ses pouvoirs sur les biens communs,
  - *art. 1429* : lorsqu'un époux met en péril les intérêts de la famille en laissant dépérir ses biens, la sanction est le retrait de pouvoir sur les biens propres.

b) Les transferts de pouvoir au conjoint

1) Les transferts avec représentation

Les transferts avec représentation permettent au conjoint représentant de ne pas s'engager lui-même : l'époux agissant représente l'époux défaillant. Il existe des mécanismes non judiciaires et des mécanismes judiciaires :

– ***mécanismes non judiciaires*** : mandat et gestion d'affaires ;
– ***mécanismes judiciaires*** : en cas d'urgence (art. 220-1), d'impossibilité d'agir d'un époux (art. 219, al. 1er et art. 1429) ou de faute de la part de celui-ci mettant en péril l'intérêt de la famille (art. 1429), le conjoint peut demander un transfert de pouvoir. L'habilitation familiale (art. 494-1 et s.) permet un résultat semblable.

L'habilitation familiale constitue également un mécanisme de transfert de pouvoirs au conjoint (v. *supra*).

2) Les transferts avec substitution

En cas de transfert avec substitution, le conjoint prend la place de l'époux et s'engage donc lui-même sans engager l'époux qu'il remplace (art. 220-1, 217 et 1426). Les actes sont opposables à l'époux remplacé.

2 L'indépendance des époux

L'indépendance des époux est manifeste dans l'exercice de leur profession et dans la gestion des biens à caractère individuel.

■ L'exercice d'une profession

Chacun des époux peut choisir librement une ***profession*** dans la limite du respect de l'article 220-1 du Code civil (retrait du pouvoir si cette profession constitue une menace pour l'intérêt de la famille) (art. 223).

Chaque époux peut percevoir librement les revenus de sa profession et en disposer, à condition d'avoir contribué aux charges du mariage. Les ***gains et salaires*** sont des biens propres tant qu'ils ne sont pas sous la forme d'économies. La donation des gains et salaires est donc libre, sauf si les gains et salaires sont sous forme d'économies.

■ Les biens à caractère individuel

« ***Chacun des époux administre, oblige et aliène ses biens personnels*** » (art. 225).

Ce principe comporte des ***limites***, notamment en ce qui concerne le logement (v. *supra*). Les limites tiennent également au fait que les biens propres, en régime de communauté, ont une vocation familiale dans la mesure où les revenus de ceux-ci sont des biens communs.

Chacun des époux a le pouvoir de disposer des ***meubles*** qu'il détient individuellement (art. 221 et 222) : il s'agit d'une présomption de pouvoir qui a pour but d'éliminer toute méfiance des tiers dans un domaine où il pourrait en découler une paralysie du ménage.

Chacun des époux a la liberté de se faire ouvrir un ***compte bancaire*** sans le consentement de son conjoint (art. 221), que le dépositaire n'a pas le droit d'exiger. L'article 221 du Code civil crée une présomption de pouvoir de libre disposition vis-à-vis du dépositaire.

Les conditions du divorce

Chapitre 7

L'article 229 du Code civil dispose que « Le divorce peut être prononcé en cas, soit de consentement mutuel, soit d'acceptation du principe de la rupture du mariage, soit d'altération définitive du lien conjugal, soit de faute. »

La loi du 23 mars 2019 a simplifié la procédure de divorce contentieux en supprimant la phase de conciliation et a aligné le régime procédural de la séparation de corps par consentement mutuel sur celui du divorce par consentement mutuel. Ces dispositions entreront en vigueur à compter du 1er septembre 2020.

1 Les conditions du divorce par consentement mutuel

Le divorce par consentement mutuel peut être utilisé par les époux qui sont en accord à la fois sur le principe du divorce et sur ses conséquences. L'ensemble des documents concernant ce type de divorce contient la ***double signature des époux***, ce qui montre leur consentement sur le principe et sur les conséquences du divorce.

La loi du 18 novembre 2016 de modernisation de la Justice du XXIe siècle a apporté des modifications substantielles au droit du divorce en introduisant un divorce par acte sous signature privée contresigné par avocat et déposé au rang des minutes d'un notaire, c'est-à-dire en permettant aux époux de divorcer sans l'intervention d'un juge. Le divorce par consentement mutuel est, désormais, en principe extrajudiciaire, sauf si certaines conditions ne sont pas remplies.

Les conditions communes aux deux formes de divorces par consentement mutuel

Certaines conditions du divorce par consentement mutuel sont communes aux procédures judiciaires et extrajudiciaires :

- les époux qui souhaitent divorcer par consentement mutuel doivent être d'***accord à la fois sur le principe du divorce et sur ses effets***, c'est-à-dire sur le règlement des conséquences de celui-ci. Ils doivent constater leur accord dans une convention (v. *infra*). Le contrôle de l'existence d'une volonté réelle et éclairée est fait selon les cas par l'avocat ou par le juge :
  - lorsque le *divorce est extrajudiciaire*, le Code civil précise que « Le consentement au divorce et à ses effets ne se présume pas » (art. 229-3). Les termes de la convention doivent indiquer explicitement l'accord des époux,
  - lorsque le *divorce est judiciaire*, le juge doit s'assurer que la volonté de chacun des époux est réelle et que leur ***consentement est libre et éclairé*** (art. 230 et 232, al. 1er). Le consentement est constaté par le juge lors de l'***entretien*** qu'il a avec les époux (CPC, art. 1099). Le contrôle du juge se borne au consentement des époux et ***ne s'étend pas aux motifs du divorce*** ;
- l'un des ***époux ne doit pas être placé sous un régime de protection*** : un époux ne peut divorcer par consentement mutuel s'il fait l'objet d'une mesure de tutelle, de curatelle, de sauvegarde de justice, d'habilitation judiciaire ou d'un mandat de protection future (art. 229-3, al. 2 et 249-4). La loi du 23 mars 2019 a permis au majeur protégé de divorcer par acceptation du principe de la rupture.

Les conditions du divorce par consentement mutuel extrajudiciaire

Le Code civil prévoit des conditions spécifiques au divorce par consentement mutuel extrajudiciaire (art. 229-1 et s.) :

- ***chacun des époux doit être assisté de son propre avocat*** : chaque époux doit avoir son propre avocat (les deux avocats doivent appartenir à des cabinets différents), afin d'éviter la pression d'un époux sur l'autre ;
- si les époux ont en commun un ***enfant mineur***, celui-ci, informé par ses parents de son ***droit à être entendu par le juge***, ne doit pas avoir demandé cette audition. Dans le cas contraire, les parents ont l'obligation de saisir le juge aux affaires familiales d'une demande en divorce par consentement mutuel au moyen d'une requête conjointe. Si aucun des enfants ne demande à être entendu, le divorce sera obligatoirement extrajudiciaire (art. 229-2).

Les conditions du divorce par consentement mutuel judiciaire

Le recours au juge pour prononcer le divorce par consentement mutuel n'est possible que lorsque l'un des enfants communs du couple demande à être entendu par le juge. En l'absence de cette demande, le divorce par consentement mutuel sera extrajudiciaire.

La demande en divorce est irrecevable si elle ne contient pas une ***convention portant règlement définitif des effets du divorce*** et incluant notamment un état liquidatif du régime matrimonial ou la déclaration qu'il n'y a pas lieu à liquidation (C. civ., art. 232 et CPC, art. 1091, al. 1er).

Le juge ***contrôle la convention*** réglant les conséquences du divorce : « Il peut refuser l'homologation et ne pas prononcer le divorce s'il constate que la convention préserve insuffisamment les intérêts des enfants ou de l'un des époux » (art. 232, al. 2).

2 Les conditions du divorce par acceptation du principe de la rupture

Un époux placé sous un régime de protection des majeurs vulnérables ne peut être demandeur à un divorce pour acceptation du principe de la rupture du mariage (art. 249-4).

L'accord des époux sur le principe du divorce

« Le divorce peut être demandé par l'un ou l'autre des époux ou par les deux lorsqu'ils acceptent le principe de la rupture du mariage sans considération des faits à l'origine de celle-ci » (art. 233, al. 1er). Le juge doit seulement recueillir le consentement portant sur le principe du divorce. À compter du 1er septembre 2020, l'acceptation du principe de la rupture pourra être recueillie par acte sous signature privée contresigné par avocats, qui pourra être conclu avant l'introduction de l'instance (art. 233, al. 2 – L. 23 mars 2019).

Le divorce repose sur l'accord des parties relativement à la rupture. Cet accord doit simplement être constaté par le juge, et le deuxième alinéa de l'article 233 du Code civil prévoit que « cette acceptation n'est pas susceptible de rétractation, même par la voie de l'appel ».

L'absence d'accord sur les effets du divorce

Le double accord des époux ne concerne que la décision de divorcer, c'est-à-dire le principe du divorce et non les conséquences et règlements du divorce, comme c'est le cas dans le divorce par consentement mutuel. La loi ne prévoit pas la possibilité d'un accord sur les conséquences du divorce ; elle a cependant essayé de réduire la dimension contentieuse de ce divorce. Le divorce sur demande acceptée produit les mêmes effets qu'un ***divorce aux torts partagés***. « S'il a acquis la conviction que chacun des époux a donné librement son accord, le juge prononce le divorce et statue sur ses conséquences » (art. 234), c'est-à-dire qu'il détermine les conséquences du divorce sur les points que la loi ne règle pas de façon automatique.

3 Les conditions du divorce pour altération définitive du lien conjugal

L'article 237 du Code civil dispose que « le divorce peut être demandé par l'un des époux lorsque le lien conjugal est définitivement altéré ». Cette situation est caractérisée dans deux cas (art. 238) :

- ***en cas de cessation de la communauté de vie***, tant affective que matérielle des époux durant les deux années précédant la requête initiale en divorce (un an à compter du 1er sept. 2020) ;
- ***lorsqu'une demande en divorce pour faute est introduite à titre principal et une demande en divorce pour altération définitive du lien conjugal à titre reconventionnel*** : lorsque la demande en divorce pour faute est rejetée, l'impossibilité de maintenir le lien conjugal est considérée comme pleinement caractérisée.

4 Les conditions du divorce pour faute

La faute était la seule cause de divorce avant 1975. Cette forme de divorce est admise depuis 1884.

Avant la loi de 1975, il existait des fautes dites péremptoires, telles que l'***adultère*** et la ***condamnation à une peine afflictive ou infamante***, qui permettaient au demandeur de ne pas avoir à prouver la violation grave des obligations conjugales, et des causes dites facultatives, qui nécessitaient que le demandeur apporte la preuve de la violation grave des obligations du mariage. Il n'y a aujourd'hui que des causes facultatives. Le juge conserve donc toujours un pouvoir souverain d'appréciation sur la caractérisation de la faute.

Depuis 1975, le Code civil ne donne plus de définition de la faute. Il parle seulement de « faits ». L'article 242 du Code civil parle de ***faits imputables au conjoint constitutifs d'une violation grave ou renouvelée des devoirs et obligations du mariage et rendant intolérable le maintien de la vie commune***.

Le fait imputable

La faute doit émaner d'un époux possédant une ***volonté capable et libre***. Elle doit pouvoir lui être imputable. Le fait accompli sous l'empire d'une altération des facultés mentales ou de la force majeure ne peut être reproché à l'époux. La faute qui serait le fait d'un tiers ne peut également être imputable à l'époux : il doit s'agir d'un fait personnel du défendeur.

La violation grave ou renouvelée des devoirs et obligations du mariage

La faute doit consister dans une violation grave ou renouvelée des droits et obligations du mariage. La ***répétitivité*** est assimilée à la gravité. Les juges exercent leur pouvoir souverain pour apprécier la faute. Pour apprécier la gravité de celle-ci, ils tiennent compte généralement du milieu social, de l'éducation et du style de vie des époux.

La faute doit résider dans un manquement aux devoirs et obligations du mariage :

- ***le devoir de communauté de vie*** réside dans la cohabitation charnelle et la cohabitation sous le même toit. La faute peut résider dans l'absence de consommation du mariage, le refus du devoir conjugal ou l'excès de pratiques sexuelles. Le fait de faire chambre à part ne peut constituer une faute. En matière de cohabitation sous le même toit, la faute réside dans l'abandon du domicile conjugal, qu'il soit ou non justifié par le comportement, notamment violent, du conjoint. La faute peut également résider dans le fait d'opposer un refus constant dans le choix d'une résidence, dans le choix unilatéral de celle-ci ou dans le fait de refuser la reprise de la vie commune suite à l'échec d'une procédure de divorce. L'abandon du domicile conjugal reste la plus fréquente des violations du devoir de communauté de vie. La jurisprudence reste cependant divisée sur le point de savoir si le fait d'avoir quitté le domicile conjugal d'un commun accord entre les époux constitue une faute ;
- ***le devoir d'entraide*** peut revêtir plusieurs aspects :
  - *entraide matérielle* : il s'agit de la contribution aux charges du mariage. L'absence de prise en charge du foyer et des tâches ménagères ou le refus de contribuer financièrement aux charges du mariage constituent des fautes,
  - *entraide morale* : le cas le plus fréquent est le refus de soins à un époux, voire l'abandon du conjoint malade. Il peut également s'agir d'absences longues et/ou répétées,
  - *entraide à l'égard des enfants* : il s'agit de la violation des articles 203 et 213 du Code civil, consistant dans un abandon moral ou matériel des enfants, voire dans un comportement relatif à l'éducation des enfants ;

– ***le devoir de fidélité*** : la faute consiste dans l'adultère (art. 212). La jurisprudence distingue deux éléments constitutifs de l'adultère : un élément matériel consistant dans la violation du devoir de fidélité et un élément intentionnel dans la mesure où l'adultère suppose une culpabilité morale.

L'***adultère*** peut consister dans la consommation de l'union sexuelle avec une autre personne que le conjoint, mais également dans de simples comportements infidèles tels que des relations équivoques avec un tiers.

L'adultère est une faute s'il a été commis entre la date de célébration du mariage et celle de sa dissolution, mais qu'en est-il pendant une période de séparation de fait ou pendant l'instance en divorce ? La Cour de cassation a rappelé à plusieurs reprises la persistance du devoir de fidélité. Cette obligation est, de fait, appréciée avec de plus en plus de souplesse par les juges. Ces derniers tiennent compte de l'attitude des époux l'un vis-à-vis de l'autre et considèrent de plus en plus que la gravité des faits s'amenuise à mesure que la période de séparation de fait s'allonge.

La faute peut être constituée par nombre d'***autres faits*** imputables à l'un des époux. Les tribunaux se fondent souvent pour sanctionner un époux sur la notion d'injure grave. Ils retiennent donc comme faute des faits très divers :

– ***violences physiques*** : coups et blessures, sévices... à condition qu'ils se soient produits au moment de la vie commune. La preuve de ces violences peut être rapportée par tous moyens ;
– ***communication d'une maladie sexuellement transmissible*** : il s'agit d'une faute lorsque le conjoint était conscient d'être malade et de la possibilité qu'il avait de transmettre sa maladie à son conjoint ;
– ***refus de paternité ou de maternité*** : le fait pour l'épouse de procéder à une interruption de grossesse à l'insu du mari constitue une faute. En revanche, la femme peut refuser, sans que cela ne constitue une faute, de se prêter à une fécondation *in vitro* ;
– ***attitudes injurieuses*** : alcoolisme, conduite scandaleuse, habitude du jeu, animosité permanente, mauvais traitements envers le conjoint ou les enfants, et même mauvaise éducation, dénigrement de la belle-famille, etc. ;
– ***désintérêt pour la famille*** : excès professionnels, religieux, passion immodérée pour un loisir... ;
– ***absence de loyauté*** : elle consiste notamment à dissimuler un fait important à son conjoint tel que, par exemple, une affection physique grave ou une condamnation pénale dès lors que le fait n'était pas connu du conjoint au moment du mariage.

■ *Le maintien intolérable de la vie commune*

Les fautes conjugales de l'un des époux doivent avoir pour caractéristique de rendre intolérable le maintien de toute vie commune. Il s'agit du critère décisif. La violation d'une obligation du mariage ne doit pas seulement être grave. La violation des devoirs conjugaux doit avoir un ***effet psychologique intolérable*** pour l'un des époux.

Le but du législateur est de ne pas favoriser des actions en divorce fondées sur des fautes passagères qui seront rapidement oubliées, et notamment sur les incompatibilités d'humeur. La réalité de l'intolérabilité de la vie commune est laissée à l'appréciation souveraine des juges du fond.

La procédure de divorce

Chapitre 8

La procédure applicable au divorce par consentement mutuel se distingue de celle des autres cas de divorce. Les règles de compétence concernent l'ensemble des divorces.

1 Les règles de compétence

Le ***juge aux affaires familiales*** a compétence pour prononcer le divorce quelle qu'en soit la cause et pour en régler les conséquences, à l'exception du divorce par consentement mutuel par acte sous signature privée contresigné par avocat et déposé au rang des minutes d'un notaire. Il autorise le demandeur à assigner son conjoint en divorce. Il a de larges pouvoirs d'investigation en sa qualité de juge de la mise en état. Il est également compétent après le divorce pour statuer sur l'exercice de l'autorité parentale, la pension alimentaire ou la contribution à l'entretien et à l'éducation de l'enfant (CPC, art. 1084). Le juge aux affaires familiales exerce également les fonctions de juge des référés. Il est compétent également pour la liquidation et le partage des intérêts patrimoniaux des époux (COJ, art. L. 213-3).

La compétence territoriale du juge aux affaires familiales est déterminée au jour du dépôt de la requête initiale (CPC, art. 1070) :

Cas	Juge aux affaires familiales compétent
Principe	Lieu de résidence de la famille
Si les époux ont des résidences distinctes	Lieu de résidence de l'un des époux avec les enfants
Si les époux ont des résidences distinctes et s'il n'y a pas d'enfant	Lieu de résidence du défendeur
Si les époux ont des résidences distinctes et si certains enfants vivent avec la mère et d'autres avec le père	
En cas de requête conjointe, si les époux résident séparément	Les époux ont le choix de saisir le juge aux affaires familiales du domicile de l'un d'eux
Après le prononcé du divorce, s'il y a des enfants	Lieu de résidence de l'époux qui a l'exercice de l'autorité parentale Mais en cas d'autorité parentale conjointe, celui où a été fixée la résidence habituelle des enfants
Après le prononcé du divorce, s'il n'y a pas d'enfants	Lieu de résidence du défendeur
En cas de litige relatif à la prestation compensatoire ou à la pension alimentaire	Lieu où demeure le créancier ou le parent qui assume à titre principal la charge des enfants. Il ne s'agit là que d'une possibilité

2 La procédure applicable au divorce par consentement mutuel

La procédure de divorce par consentement mutuel extrajudiciaire est plus simple que celle qui exige l'intervention du juge.

■ *La procédure applicable au divorce par consentement mutuel extrajudiciaire*

La réforme de 2016 a permis de simplifier la procédure de divorce par consentement mutuel en *supprimant la phase d'homologation par le juge*.

a) L'élaboration de la convention

Le principe de ce divorce consiste à faire ***rédiger la convention de divorce par les avocats des deux époux et à déposer celle-ci au rang des minutes d'un notaire***. La convention prend la forme d'un acte sous signature privée contresigné par avocats (art. 229-1).

Un ***projet de convention*** est élaboré par l'avocat à l'aide des éléments fournis par son client ou sa cliente pendant la phase préparatoire de la convention et éventuellement complétés par les éléments apportés par une réunion commune que peuvent avoir les deux avocats et leur client respectif. Le projet de convention est adressé par chacun des avocats à l'époux qu'il assiste par lettre recommandée avec demande d'avis de réception (art. 229-4, al. 1er).

La convention constatant l'accord des époux doit comporter ***un certain nombre d'éléments à peine de nullité*** (C. civ., art. 229-3, al. 2 et s. ; CPC, art. 1144-1 et s.) :

- nom, prénoms, profession, résidence, nationalité, date et lieu de naissance de chacun des époux (et des enfants le cas échéant), la date et le lieu de mariage ;
- nom, adresse professionnelle et structure d'exercice professionnel des avocats et barreau auquel ils sont inscrits ;
- mention de l'accord des époux sur la rupture du mariage et sur ses effets dans les termes énoncés par la convention ;
- modalités du règlement complet des effets du divorce ;
- état liquidatif du régime matrimonial ou déclaration qu'il n'y a pas lieu à liquidation ;
- mention de ce que le mineur a été informé par ses parents de son droit à être entendu par le juge et qu'il ne souhaite pas faire usage de cette faculté ou le cas échéant, mention que le mineur n'a pas reçu l'information relative à son droit à être entendu par un juge en raison de son absence de discernement ;
- « déclaration certifiant sur l'honneur l'exactitude de leurs ressources, revenus, patrimoine et conditions de vie afin d'établir les vérifications opérées au moment de la rédaction de l'acte » (art. 272, rendu applicable au divorce sans juge par la circulaire du 26 janv. 2017) ;
- nom du notaire chargé du dépôt de la convention ;
- le cas échéant, valeur des biens attribués à titre de prestation compensatoire qui ne sont pas soumis à la publicité foncière. Lorsque ceux-ci sont soumis à la publicité foncière, l'attribution est opérée par acte dressé en la forme authentique devant notaire, annexé à la convention ;
- rappel des modalités de recouvrement et des règles de révision de la créance le cas échéant ;
- répartition des frais du divorce entre les époux ;
- le cas échéant, traduction de la convention ainsi que de ses annexes par un traducteur habilité.

Chacun des époux reçoit le projet de convention envoyé par son avocat par lettre recommandée avec accusé de réception.

b) La signature de la convention

Une circulaire du 26 janvier 2017 préconise une ***signature de la convention de divorce en présence de chacun des époux*** et de leur avocat respectif, au cours d'un rendez-vous fixé à l'avance « à plus de quinze jours à compter de la réception du dernier courrier recommandé, signé personnellement par chacune des parties ». Chacun des signataires doit être physiquement présent lors de la signature.

Chacun d'eux ne peut signer la convention avant l'expiration d'un délai de réflexion d'une durée de 15 jours à compter de la réception (art. 229-4), sous peine de ***nullité***.

La convention et ses annexes sont ***signées par les époux et leurs avocats en 3 exemplaires*** (CPC, art. 1145). Chaque époux conserve un original de la convention accompagné de ses annexes. Le 3e original est destiné au notaire. Un 4e exemplaire peut être établi, dans les mêmes conditions, pour être transmis aux services fiscaux afin de permettre la formalité de l'enregistrement.

c) La transmission de la convention au notaire

La convention de divorce ainsi que ses annexes sont ***transmises au notaire dans un délai de 7 jours*** suivant la date de la signature de la convention (CPC, art. 1146, al. 1er) par l'avocat le plus diligent ou celui qui aura été mandaté par les deux parties.

Le notaire ***vérifie*** un certain nombre d'éléments :

- l'existence des mentions obligatoires et des signatures ;
- la mention que l'information relative à la possibilité d'être entendu par le juge n'a pas été donnée en présence d'un enfant privé de discernement ;
- le respect du délai de réflexion de 15 jours entre la rédaction de la convention et sa signature a bien été respecté.

Le notaire doit procéder à un ***contrôle des annexes*** de la convention de divorce :

- contrôle de la présence du formulaire d'information de mineur ;
- contrôle de la présence des actes authentiques (état liquidatif du régime matrimonial, acte authentique attribuant un bien soumis à publicité foncière à titre de prestation compensatoire le cas échéant) ;
- le cas échéant, contrôle de la présence d'une traduction.

Dans le cadre de sa mission, le notaire ne remplace pas le juge : ***il ne contrôle pas le consentement des parties ni le contenu, ni l'équilibre de la convention***, ces missions étant assurées par les avocats.

Le notaire dispose d'un ***délai maximal de quinze jours*** pour procéder aux divers contrôles qui lui sont imposés (CPC, art. 1146, al. 3). L'acte contenant la convention est ensuite déposé « au rang des minutes » du notaire afin de lui conférer ***date certaine et force exécutoire***, ce qui la rendra applicable immédiatement (art. 229-1, al. 2 et 3). Ce dépôt ne fait pas de la convention un acte authentique. La présence devant le notaire des époux et des avocats n'est pas exigée (Circ. 26 janv. 2017).

Le notaire doit remettre aux ex-conjoints une ***attestation de dépôt*** leur permettant de faire procéder à la ***mention du divorce sur les actes de l'état civil*** et de ***justifier de leur divorce*** auprès des tiers (CPC, art. 1147, al. 1er et art. 1148).

■ *La procédure applicable au divorce par consentement mutuel judiciaire*

a) Le contenu de la requête

Les époux déposent une ***requête unique*** (CPC, art. 1089) qui n'indique pas les motifs du divorce. Elle est datée et signée par chacun des époux et par leurs avocats ou leur avocat commun (CPC, art. 1090, al. 2). Il s'agit d'une ***procédure gracieuse*** (CPC, art. 1088).

La requête est accompagnée en annexe, à peine d'irrecevabilité, d'une ***convention portant règlement complet des effets du divorce*** et incluant notamment un ***état liquidatif du régime matrimonial*** ou la déclaration qu'il n'y a pas lieu à liquidation (CPC, art. 1091). Lorsque la liquidation porte sur des biens soumis à publicité foncière, l'état liquidatif doit être passé en la forme authentique devant notaire.

b) La convocation des époux

Les époux, ainsi que le ou les avocats, sont convoqués par le greffe du juge aux affaires familiales par simple lettre expédiée 15 jours au moins avant la date fixée pour leur ***audition*** (CPC, art. 1092). Le juge entend les époux séparément, puis ensemble et appelle ensuite le ou les avocats (art. 250, al. 2). En présence du ou des avocats, il vérifie la recevabilité de la requête (CPC, art. 1099) et s'assure que la volonté des époux est réelle et que leur consentement est libre et éclairé (art. 232, al. 1er).

Le juge aux affaires familiales examine la convention portant règlement définitif des effets du divorce. S'il a acquis la conviction que la volonté de chacun des époux et leur consentement sont libres et éclairés, le juge homologue la convention et prononce le divorce (C. civ., art. 232 et CPC, art. 1099, al. 3).

Le juge aux affaires familiales peut ***refuser d'homologuer la convention*** lorsque les intérêts des enfants ou de l'un des enfants ou ceux de l'un des époux ne sont pas suffisamment préservés. Il rend alors une ordonnance par laquelle il ajourne sa décision jusqu'à présentation d'une nouvelle convention dans un délai maximum de six mois (C. civ., art. 250-2, al. 2 et CPC, art. 1100, al. 2). Un second ajournement n'est pas possible. Si les époux ne déposent pas de nouvelle convention pendant le délai imparti, le juge constate alors d'office par ordonnance la caducité de la demande en divorce (CPC, art. 1101, al. 2).

c) Les voies de recours

L'***appe***l est possible, sauf pour la décision homologuant la convention ou prononçant le divorce, ceci dans un délai de 15 jours à compter de la décision (CPC, art. 1102).

Le ***pourvoi en cassation*** est possible dans les 15 jours de la décision homologuant la convention ou prononçant le divorce. Le délai, ainsi que le pourvoi, sont suspensifs à l'exception des dispositions de la convention homologuée qui concernent les pensions (en cas de séparation de corps), la contribution à l'entretien et à l'éducation des enfants et l'exercice de l'autorité parentale (CPC, art. 1087).

La ***tierce opposition*** est ouverte aux créanciers de l'un des époux dans l'année suivant l'accomplissement des formalités de mention du divorce sur les actes de l'état civil (CPC, art. 1104).

3 La procédure applicable aux cas de divorce autres que par consentement mutuel

Les procédures de divorce autres que par consentement mutuel comportent des éléments communs et des éléments qui sont spécifiques à chacune des 3 procédures envisageables.

■ *Les éléments de procédure communs à tous les autres cas de divorce*

L'action en divorce appartient uniquement aux époux et ne peut être dirigée que contre eux. Elle débute par une phase de conciliation, qui disparaîtra à compter du 1er septembre 2020 (L. 23 mars 2019).

a) La phase de conciliation

L'action en divorce appartient uniquement aux époux et ne peut être dirigée que contre eux.

1) *La demande*

L'époux qui forme une demande en divorce présente une ***requête initiale*** par l'intermédiaire d'un avocat ; elle ne doit pas indiquer les motifs du divorce (C. civ., art. 251 et CPC, art. 1106). L'époux reste donc libre de choisir dans la seconde phase de la procédure le cas de divorce sur lequel il entend fonder son action.

La requête initiale comprend les demandes relatives aux ***mesures provisoires*** accompagnées d'un exposé sommaire de leurs motifs (CPC, art. 1106, al. 1er).

L'ordonnance rendue par le juge ne peut faire l'objet d'aucun recours (CPC, art. 1107, al. 3).

2) *La tentative de conciliation*

- LE DÉROULEMENT DE LA TENTATIVE DE CONCILIATION

Le magistrat vérifie sa ***compétence*** et la ***recevabilité*** de la requête.

Le magistrat s'entretient d'abord personnellement avec chaque époux, puis avec les deux et invite éventuellement les avocats à la conciliation si les conjoints le demandent. Le juge doit entendre chacun des époux sur le principe de la rupture et doit chercher à ***concilier les époux*** tant sur le principe du divorce que sur ses conséquences (art. 252).

Si le défendeur ne se présente pas, le magistrat s'entretient avec l'époux présent et l'invite à la réflexion (art. 252-1, al. 3).

Lorsque le demandeur maintient sa demande, le juge rend une ***ordonnance autorisant immédiatement les époux à introduire l'instance en divorce ou renvoyant les parties*** à une nouvelle tentative de conciliation qui pourra avoir lieu dans un délai maximum de 6 mois (art. 252 et 252-2).

Le juge peut recueillir, s'il y a lieu, l'acceptation des époux en vue d'un divorce par acceptation du principe de la rupture du mariage (C. civ., art. 233 et CPC, art. 1123). L'acceptation recueillie par le juge n'est pas susceptible de rétractation, même par la voie de l'appel (art. 233, al. 2).

L'ordonnance de non-conciliation est susceptible d'appel dans les 15 jours de sa notification seulement sur la compétence et les mesures provisoires (CPC, art. 1112).

- LES MESURES PROVISOIRES

Pour ***organiser la vie de la famille durant la durée de l'instance***, le juge aux affaires familiales prend des mesures provisoires dès que cela s'avère nécessaire, c'est-à-dire soit dès le dépôt de la requête initiale en cas d'urgence, soit à l'issue de la tentative de conciliation, soit en cours d'instance, en tenant éventuellement compte des arrangements amiables que peuvent avoir conclus les époux entre eux (CPC, art. 1117).
Les mesures provisoires sont valables ***30 mois*** (CPC, art. 1113).

À compter du 1er septembre 2020, la phase de conciliation disparaissant, des mesures provisoires pourront être organisées à la demande des parties.

b) L'instance proprement dite

1) L'assignation

L'assignation doit être délivrée par l'époux requérant dans un délai de ***3 mois*** à compter de l'ordonnance de non-conciliation (CPC, art. 1113, al. 1er). S'il ne le fait pas, les deux conjoints ont ensuite chacun la faculté d'assigner pendant encore ***27 mois***.

2) Les demandes reconventionnelles

Suite à l'ordonnance de non-conciliation, « un époux peut introduire l'instance ou former une ***demande reconventionnelle*** pour acceptation du principe de la rupture du mariage, pour altération définitive du lien conjugal ou pour faute » (art. 257-1), sauf dans le cas où les époux ont déclaré lors de l'audience de conciliation accepter le principe de la rupture du mariage et le prononcé du divorce sur le fondement de l'article 233 du Code civil.

Il est impossible de ***substituer*** en cours d'instance une demande fondée sur un cas de divorce par une demande fondée sur un autre cas, sauf dans les cas prévus aux articles 247 à 247-2 du Code civil (CPC, art. 1077, al. 2) :

- l'article 247 du Code civil prévoit la possibilité pour les époux, à tout moment de la procédure, de ***divorcer par consentement mutuel par acte sous signature privée contresigné par avocats***, déposé au rang des minutes d'un notaire ou, lorsqu'un enfant a demandé à être entendu par le juge dans le cadre de la procédure de divorce de ses parents, de demander au juge de constater leur accord pour voir prononcer le divorce par consentement mutuel en lui présentant une convention réglant les conséquences de celui-ci ;
- l'article 247-1 du Code civil prévoit la possibilité pour les époux, à tout moment de la procédure, lorsque le divorce a été demandé pour altération définitive du lien conjugal ou pour faute, de ***demander au juge de constater leur accord pour voir prononcé le divorce pour acceptation du principe de la rupture du mariage*** ;
- l'article 247-2 du Code civil prévoit que, dans le cadre d'une instance introduite pour altération définitive du lien conjugal, lorsque le défendeur demande reconventionnellement le divorce pour faute, le ***demandeur peut invoquer les fautes de son conjoint pour modifier le fondement de sa demande***.

3) *Les fins de non-recevoir*

Le défendeur peut également répondre à une demande en divorce en exerçant une ***défense au fond***. Il peut ainsi invoquer la dissolution antérieure du mariage ou sa nullité.

Le ***divorce antérieur*** devenu définitif est également une fin de non-recevoir, même s'il a pour objet de faire reconnaître les torts du conjoint.

Le ***décès*** de l'un des époux est une fin de non-recevoir tant que le divorce n'est pas devenu définitif. En effet, l'action en divorce est éteinte par le décès de l'un des époux. Les héritiers ne peuvent pas poursuivre une action qui aurait été engagée par leur auteur.

La demande introductive d'instance est irrecevable si elle ne comporte pas une ***proposition de règlement des intérêts pécuniaires et patrimoniaux des époux*** (art. 257-2). Cette fin de non-recevoir ne peut être soulevée d'office par le juge dans la mesure où elle ne constitue pas une exception d'ordre public.

4) *Le divorce du majeur protégé*

Le majeur protégé ***ne peut divorcer par consentement mutuel mais il peut désormais divorcer pour acceptation du principe de la rupture du mariage*** (L. 23 mars 2019). Les règles organisant le divorce du majeur protégé ont largement été modifiées par la loi du 23 mars 2019.

Le ***majeur en tutelle*** est représenté par son tuteur pendant l'instance en divorce. Le ***majeur en curatelle*** exerce l'action lui-même avec l'assistance de son curateur. La personne protégée peut désormais accepter seule le principe de la rupture du mariage sans considération des faits à l'origine de celle-ci (art. 249).

Pour le majeur sous ***sauvegarde de justice***, la règle de l'article 249 selon laquelle une tutelle ou une curatelle doit être organisée a été supprimée. Désormais, si une demande de mesure de protection juridique est déposée ou en cours, la demande en divorce ne pourra être examinée qu'après le jugement se prononçant sur la mesure de protection (art. 249-3 – L. 23 mars 2019). Le juge peut toutefois prendre des mesures provisoires.

5) *La preuve*

En matière de divorce, la preuve incombe à l'***époux demandeur***, qu'il soit principal ou reconventionnel. Le juge dispose d'un pouvoir d'office en matière de preuve lorsque celle-ci tend à la défense du lien matrimonial, l'ordre public étant intéressé.

La preuve est ***libre*** (art. 259) : attestations, constat d'huissier, lettres missives, témoignages, présomptions de l'homme, etc. Il existe cependant des ***restrictions au principe de la liberté de la preuve*** :

- un époux ne peut verser aux débats un élément de preuve qu'il aurait obtenu par violence ou fraude (art. 259-1) ;
- la production des constats ne doit pas se faire au mépris du principe du respect de la vie privée et du domicile (art. 259-2) ;
- les descendants ne peuvent jamais être entendus sur les griefs invoqués par les époux (C. civ., art. 259 et CPC, art. 205, al. 2) ;
- si les époux se réconcilient, les faits allégués ne pourront plus être invoqués comme cause de divorce (art. 244).

Dans toutes les procédures de divorce, le juge peut ordonner une ***enquête sociale*** (C. civ., art. 373-2-12, al. 1er et CPC, art. 1072) afin de se déterminer de la manière la plus satisfaisante sur les ***modalités d'exercice de l'autorité parentale***.

Le ***mineur*** capable de discernement peut être ***entendu*** par le juge ou par toute personne désignée à cet effet dans toute procédure le concernant (art. 388-1).

6) Le jugement de divorce

Les demandes en matière familiale sont formées, instruites et jugées en ***chambre du conseil***, à l'exception notamment des décisions relatives au nom, au prénom ou au divorce, qui sont rendues publiquement (CPC, art. 1074). Cependant, « les débats sur la cause, les conséquences du divorce et les mesures provisoires ne sont pas publics » (art. 248). Le seul dispositif du jugement prononçant le divorce est lu en audience publique (CPC, art. 455). Lorsqu'il s'agit d'un divorce pour faute, les époux peuvent demander expressément au juge aux affaires familiales de ne pas prononcer les torts et griefs (art. 245-1).

S'il rejette la demande en divorce, le juge a la possibilité de statuer sur la contribution aux charges du mariage, la résidence de la famille et les modalités d'exercice de l'autorité parentale (art. 258).

Le jugement de divorce est constitutif. Il dissout le lien du mariage et donne aux époux un ***nouvel état***, celui de conjoint divorcé.

La publicité écrite consiste dans la ***mention*** du divorce d'une part en marge de l'acte de mariage des époux, d'autre part en marge de l'acte de naissance de chacun d'eux (CPC, art. 1082).

7) Les voies de recours

Tout jugement prononçant ou rejetant le divorce est susceptible d'***appel*** et la décision rendue en appel peut elle-même faire l'objet d'un ***pourvoi en cassation*** dans les délais de droit commun.

Les époux peuvent renoncer aux voies de recours par ***acquiescement*** au jugement (CPC, art. 1120, *a contrario*). Ils peuvent également ***se désister***.

Les effets du jugement de divorce sont ***suspendus jusqu'à l'épuisement de tous les recours*** ou, à défaut, jusqu'à l'expiration des délais de recours, mais cet effet suspensif ne s'applique pas aux décisions portant sur l'exercice de l'autorité parentale, à la pension alimentaire, à la contribution à l'entretien et l'éducation de l'enfant et à la contribution aux charges du mariage, ainsi qu'à toutes les mesures prises en application de l'article 255 du Code civil, qui sont exécutoires de droit à titre provisoire (CPC, art. 1074-1). La même règle s'applique au pourvoi en cassation.

■ *Les éléments de procédure propres à chaque cas de divorce*

Les éléments de procédure propres à chaque cas de divorce sont ceux qui font exception à la procédure de « droit commun » décrite ci-dessus.

a) Le divorce par acceptation du principe de la rupture du mariage

Le juge doit recueillir le consentement des deux époux portant sur le principe du divorce (art. 233). Il leur demande de présenter un ***projet de règlement des effets du divorce*** pour l'audience de jugement (art. 252-3, al. 2).

L'article 253 du Code civil précise que les époux ne peuvent accepter le principe de la rupture du mariage et le prononcé du divorce par acceptation du principe de la rupture du mariage que s'ils sont chacun assistés par un ***avocat***.

Les modalités d'acceptation du principe de la rupture diffèrent selon le moment où elle a lieu :

- ***acceptation des époux formalisée lors de l'audience de conciliation*** : l'acceptation est constatée immédiatement dans un procès-verbal dressé par le juge et signé par les époux et leurs avocats respectifs et annexé à l'ordonnance (CPC, art. 1123, al. 2) ;
- ***acceptation des époux formalisée entre l'audience de conciliation et l'introduction de l'instance*** : chaque époux peut déclarer, par un écrit signé de sa main, qu'il accepte le principe de la rupture du mariage sans considération des faits à l'origine de celle-ci (CPC, art. 1123, al. 3) ;
- ***acceptation des époux formalisée après l'introduction de l'instance*** : dans cette hypothèse, la demande est formée en application de la passerelle prévue par l'article 247-1 du Code civil. Chaque époux annexe sa déclaration d'acceptation à ses conclusions (CPC, art. 1123, al. 5).

À compter du 1er septembre 2020, cette acceptation se fera par acte sous signature privée contresigné par avocat ; l'acceptation des époux étant acquise, le juge interviendra seulement pour régler les conséquences du divorce (L. 23 mars 2019).

b) Le divorce pour altération définitive du lien conjugal

Le seul point procédural spécifique à ce type de divorce tient à la cause du divorce qui réside dans la ***cessation de communauté de vie***, tant affective que matérielle pendant deux années (un an à compter du 1er septembre 2020 – L. 23 mars 2019). Le juge ne peut relever d'office le moyen tiré du défaut d'expiration de ce délai, sauf dans le cas où le défendeur ne comparaît pas (CPC, art. 1126). Les dépens de l'instance sont en principe à la charge du demandeur, à moins que le juge n'en décide autrement (CPC, art. 1127).

c) Le divorce pour faute

Les époux peuvent demander au juge de ne pas énoncer les torts et griefs des parties (art. 245-1). Dans cette hypothèse, le juge aux affaires familiales se borne à constater qu'il existe des faits constitutifs d'une cause de divorce (CPC, art. 1128, al. 2).

L'époux défendeur peut répliquer à la demande principale en déposant une ***demande reconventionnelle*** où il invoquera à son tour les fautes du demandeur (art. 245, al. 2). Le défendeur, sans nier sa faute, essaiera de prouver celle du demandeur. Si les deux demandes sont accueillies, le divorce est prononcé aux ***torts partagés***. La faute ainsi démontrée ne pourra entraîner un partage des torts que si elle répond elle-même aux conditions qui en font une cause de divorce.

L'attitude objectivement fautive d'un époux peut être excusée par le comportement de l'autre. Il s'agit d'une défense au fond et non d'une demande reconventionnelle (art. 245, al. 1er). L'époux défendeur peut ***invoquer une faute du demandeur*** qui doit répondre aux conditions posées par l'article 242 du Code civil. La faute du demandeur doit être obligatoirement antérieure à celle du défendeur.

Lorsque la demande principale et la demande reconventionnelle sont simultanément accueillies par le juge, celui-ci prononce le divorce aux ***torts partagés***.

En l'absence de demande reconventionnelle, le magistrat peut prononcer d'office le divorce aux torts partagés s'il constate des fautes émanant de chacun des époux (art. 245, al. 3). Dans ce cas, la culpabilité de chacun des époux se trouve atténuée.

S'il rejette la demande en divorce, le juge peut organiser la vie de la famille en statuant sur la contribution aux charges du mariage, la résidence de la famille et les modalités de l'exercice de l'autorité parentale (art. 258).

Les effets du divorce

Chapitre 9

Le divorce produit effet à une date qu'il convient de déterminer et qui diffère selon la personne concernée, époux ou tiers. Les effets du divorce devront ensuite être déterminés tant en ce qui concerne les rapports personnels, les rapports pécuniaires ou les rapports entre enfants et parents divorcés.

Le juge aux affaires familiales est compétent pour les suites de la procédure de divorce. Lorsque le divorce est extrajudiciaire, la convention règle les effets du divorce.

1 La date de départ des effets du divorce

Le mariage est dissous selon les cas à la date à laquelle la convention de divorce conclue par acte sous signature privée contresigné par avocats acquiert force exécutoire ou à la date à laquelle la décision qui prononce le divorce prend force de chose jugée (art. 260).

■ *Le principe*

a) Entre époux

Lorsque le divorce n'est ***pas contentieux***, il prend effet entre époux quant aux biens :

- lorsque le divorce par consentement mutuel est ***judiciaire*** : à la date de l'homologation de la convention réglant l'ensemble des conséquences du divorce, sauf si celle-ci en dispose autrement (art. 262-1) ;
- lorsque le divorce par consentement mutuel est ***extrajudiciaire*** : à la date à laquelle la convention réglant l'ensemble des conséquences du divorce acquiert force exécutoire (c'est-à-dire au jour du dépôt de la convention au rang des minutes d'un notaire), à moins que la convention n'en stipule autrement.

Lorsque le divorce est ***contentieux*** c'est-à-dire prononcé pour acceptation du principe de la rupture du mariage, pour altération définitive du lien conjugal ou pour faute, il prend effet quant aux biens à la date de l'ordonnance de non-conciliation (à la date de la demande en divorce à compter du 1er sept. 2020).

b) À l'égard des tiers

Le jugement de divorce est opposable aux tiers au jour où auront été effectuées les formalités de mention en marge des actes de l'état civil des époux (art. 262), quel que soit le type de divorce.

■ *Les aménagements*

Il existe deux exceptions aux principes fixés par les articles 262 et 262-1 du Code civil pour la date de dissolution du mariage.

a) Entre époux

Lorsque le divorce est judiciaire, chacun des époux a la possibilité de demander, à l'occasion de l'action en divorce, de fixer les effets du jugement à la date à laquelle ils ont ***cessé de cohabiter et de collaborer*** (C. civ., art. 262-1 et CPC, art. 1442, al. 2).

La preuve de la cessation de la collaboration comme celle de la cessation de la cohabitation doivent être rapportées par le demandeur. Il peut rapporter cette preuve par tous moyens.

En cas de report, la dissolution s'opère rétroactivement à la date de la séparation de fait. Ces effets ne se produisent qu'entre époux : le report n'a pas d'effet vis-à-vis des tiers.

b) Dans les rapports avec les tiers

L'article 262-2 du Code civil prévoit que « Toute obligation contractée par l'un des époux à la charge de la communauté, toute aliénation de biens communs faite par l'un d'eux dans la limite de ses pouvoirs, postérieurement à la requête initiale sera déclarée nulle, s'il est prouvé qu'il y a eu fraude aux droits de l'autre conjoint ». Ce texte ne concerne que le régime légal de communauté et ne peut s'appliquer qu'aux actes pouvant valablement être accomplis par un seul époux. Si le tiers n'est pas complice de la fraude du conjoint, l'acte est considéré comme régulier à son égard et ne sera inopposable qu'au conjoint victime de la fraude. Cette disposition ne s'applique pas au divorce par consentement mutuel, qu'il soit judiciaire ou extrajudiciaire.

2 Les effets personnels du divorce

La dissolution du mariage amène une série d'effets personnels. Le divorce a également des effets sur le nom des ex-époux.

■ La dissolution du mariage

Le divorce met fin aux ***droits et obligations réciproques*** entre époux.

Chacun des époux peut ***se remarier*** (art. 263).

Le ***devoir de cohabitation*** disparaît et, corrélativement, la présomption de paternité qui en découlait.

Les droits et obligations des ***père et mère*** subsistent même après le divorce (art. 286).

Le divorce fait également ***disparaître le lien d'alliance*** qui existait entre les époux. Il met donc fin à l'obligation alimentaire entre alliés mais pas à certains empêchements à mariage. Ainsi, la prohibition subsiste en ligne directe mais disparaît en ligne collatérale.

■ Le nom des époux divorcés

À l'issue du divorce, chacun des époux reprend son nom mais l'un d'eux peut néanmoins conserver l'usage du nom de l'autre s'il justifie d'un ***intérêt particulier*** pour lui ou pour les enfants, soit avec l'accord de son ex-époux, soit avec l'autorisation du juge (art. 264).

3 Les effets pécuniaires entre époux

Les effets pécuniaires du divorce sont multiples.

■ La prestation compensatoire et le devoir de secours

a) La prestation compensatoire

La prestation compensatoire a pour objet de ***compenser les disparités*** que crée le divorce dans les conditions de vie respectives de chacun des époux (art. 270). Le droit à bénéficier d'une prestation compensatoire ne dépend ni du cas de divorce, ni de la répartition des torts. Néanmoins, le juge peut refuser l'octroi d'une prestation compensatoire si l'***équité*** le commande, soit en considération des critères prévus à l'article 271 du Code civil, quel que soit le cas de divorce, soit au regard des circonstances particulières de la rupture lorsque le divorce a été prononcé aux torts exclusifs du demandeur de la prestation.

Pour déterminer le ***montant*** de la prestation compensatoire, le magistrat doit évaluer les ***ressources et besoins de chacun des époux*** et tenir compte d'un certain nombre d'éléments (art. 271) : durée du mariage, âge et état de santé des époux, qualification et situation professionnelles des époux, conséquences des choix professionnels faits par l'un des époux pendant la vie commune pour l'éducation des enfants, etc. L'évaluation tient compte à la fois des données actuelles et de la situation prévisible.

En cas de divorce par consentement mutuel, le montant et les modalités de la prestation compensatoire sont fixés par la ***convention homologuée*** par le juge (art. 278).

Même en dehors des cas de divorce par consentement mutuel, les époux peuvent toujours fixer par ***convention*** le montant et les modalités de la prestation compensatoire. Les époux sont alors soumis aux articles 278 et 279 du Code civil applicables habituellement au divorce par consentement mutuel (art. 268 et 279-1).

La prestation compensatoire doit en principe prendre la forme d'un ***capital***. Le juge peut décider que le versement en capital prendra la forme soit d'un versement d'une somme d'argent (le prononcé du divorce pouvant être subordonné à la constitution des garanties prévues à l'article 277), soit d'une attribution de biens en propriété ou d'un droit temporaire ou viager d'usage, d'habitation ou d'usufruit, le jugement opérant cession forcée en faveur du créancier (art. 274). L'accord de l'époux débiteur sera exigé pour l'attribution en propriété de biens qu'il a reçus par succession ou donation.

Lorsque le débiteur n'est pas en mesure de verser le capital, la prestation compensatoire prend la forme de ***versements périodiques*** d'une durée de 8 années au plus. Lorsque le débiteur règle la prestation compensatoire sous forme de versements périodiques, il peut néanmoins verser une partie en capital (art. 275-1). À titre exceptionnel, la prestation compensatoire peut être versée ***sous forme de rente viagère***, à certaines conditions (art. 276).

En cas de paiement d'un capital échelonné, la ***révision des modalités*** (et non du montant) de paiement est possible en cas de changement important dans la situation du débiteur (art. 275, al. 2). Le jugement peut alors prévoir le versement de la prestation compensatoire sur une durée supérieure à 8 ans par décision spéciale et motivée. Le montant initial de la rente ne peut être dépassé par l'effet de la révision (art. 276-3, al. 2).

L'article 276-4 du Code civil donne la possibilité de ***substituer un capital à la rente*** : le débiteur d'une prestation compensatoire peut en faire la demande à tout moment. Le créancier de la prestation compensatoire peut former la même demande s'il établit qu'une modification de la situation du débiteur permet cette substitution, notamment lors de la liquidation du régime matrimonial.

En cas de divorce par consentement mutuel extrajudiciaire, « ***La convention*** de divorce qui fixe une pension alimentaire ou une prestation compensatoire ***sous forme de rente viagère*** *rappelle les* ***modalités de recouvrement et les règles de révision*** de la créance ainsi que les sanctions pénales encourues en cas de défaillance » (CPC, art. 1144-4). Il découle de l'alinéa 5 de l'article 279, renvoyant aux alinéas 3 et 4 du même article que sont applicables au divorce par consentement judiciaire les articles 275, alinéas 2 et 3 et aux articles 276-3, 276-4, 280, 280-1 et 280-2 du Code civil.

En cas de ***décès du débiteur*** de la prestation compensatoire, le Code civil pose le principe du prélèvement de la prestation sur l'actif successoral (art. 280). Le paiement est supporté par tous les héritiers, qui n'y sont pas tenus personnellement, dans la limite de l'actif successoral et, en cas d'insuffisance, par tous les légataires particuliers, proportionnellement à leur émolument. La prestation cesse d'être due au-delà du montant de l'actif. Lorsque la prestation compensatoire a été fixée sous forme d'un capital échelonné, le solde de ce capital indexé devient immédiatement exigible. Lorsqu'elle a été fixée sous forme de rente viagère ou temporaire, il lui est substitué un capital immédiatement exigible. Cependant, les héritiers peuvent décider ensemble de maintenir les formes et modalités de règlement de la prestation compensatoire qui incombaient à l'époux débiteur, en s'obligeant personnellement au paiement de cette prestation (art. 280-1). L'accord unanime des héritiers doit être constaté par un acte notarié. Il est opposable aux tiers à compter de sa notification à l'époux créancier lorsque celui-ci n'est pas intervenu à l'acte. Les héritiers bénéficient alors des mêmes possibilités de révision que le débiteur initial.

b) Le devoir de secours

L'article 270 du Code civil dispose dans son premier alinéa que « le divorce met fin au devoir de secours entre époux » ; celui-ci disparaît quelle que soit la cause de divorce.

■ *Les dommages-intérêts*

Des dommages-intérêts peuvent être accordés soit à celui qui était défendeur à un divorce prononcé pour altération définitive du lien conjugal s'il n'avait lui-même formé aucune demande en divorce, soit à celui dont le divorce est prononcé aux torts exclusifs de son conjoint. Ces dommages-intérêts peuvent être accordés à un époux en ***réparation des conséquences d'une particulière gravité*** qu'il subit du fait de la dissolution du mariage. Cette demande ne peut être formée qu'à l'occasion de l'action en divorce (art. 266, al. 2). Le droit commun de la responsabilité est applicable : le demandeur doit démontrer l'existence d'une faute, d'un préjudice et d'un lien de causalité. Le préjudice peut être moral ou matériel. Il doit toujours résulter de la dissolution du mariage.

■ Le sort du logement

Pendant l'instance, le juge peut attribuer à l'un des époux la jouissance du logement et du mobilier du ménage ou partager entre eux cette jouissance, éventuellement gratuitement (art. 255-4). ***Lors du prononcé du divorce***, lorsque le logement de la famille appartient en propre ou personnellement à l'un des conjoints, le juge peut en concéder le bail à son ex-conjoint quel que soit le type de divorce, à trois conditions : ce dernier doit exercer seul ou en commun l'autorité parentale, un ou plusieurs enfant(s) doi(ven)t résider habituellement dans ce logement, et l'intérêt des enfants doit commander cette solution (art. 285-1).

■ Les avantages matrimoniaux et les libéralités

Les règles relatives aux avantages matrimoniaux ne dépendent plus du type de divorce ni des torts qui incombent à l'un ou l'autre des époux.

L'article 1096 du Code civil pose dans son 2e alinéa le principe de l'***irrévocabilité des donations de biens présents*** entre époux. L'article 265 du Code civil dispose également dans son alinéa premier que les avantages matrimoniaux qui ***prennent effet au cours du mariage***, tels que l'apport d'un bien propre par un époux à la communauté, restent irrévocables même si une clause résolutoire liée au prononcé du divorce a été insérée. Quelles que soient la cause du divorce ainsi que la répartition des torts, avantages matrimoniaux et donations de biens présents sont automatiquement et systématiquement maintenus (art. 265, al. 1er). La révocation n'est possible que pour les causes de droit commun (art. 953 à 958).

« La donation de biens à venir faite entre époux pendant le mariage est toujours révocable » (CPC, art. 1096, al. 2). Les dispositions à cause de mort, telles que les legs ou donations au dernier vivant, accordées par un époux par contrat de mariage ou pendant le mariage sont ***révoquées de plein droit*** par l'effet du divorce, quelle qu'en soit la cause (art. 265, al. 2). Il en est de même pour les avantages matrimoniaux qui ***prennent effet à la dissolution du mariage*** ou au décès d'un époux, telle que la clause de préciput ou la clause de partage égal. Néanmoins, il est possible à un époux de maintenir les dispositions à cause de mort à condition que sa volonté soit constatée par le juge lors du prononcé du divorce. La libéralité maintenue devient alors irrévocable.

■ La liquidation du régime matrimonial

Les modalités de liquidation du régime matrimonial ont été modifiées par l'ordonnance n° 2015-1288 du 15 octobre 2015 portant simplification et modernisation du droit de la famille. Un décret n° 2016-185 du 23 février 2016 complète le nouveau texte.

En cas de divorce par consentement mutuel, les modalités de la liquidation résultent de la ***convention*** réglant les effets du divorce. Dans les autres cas de divorce, la liquidation intervient pendant la procédure ou après le prononcé du divorce. Cependant, les époux doivent soumettre au juge au moment de l'assignation en divorce, un ***projet de liquidation du régime matrimonial***.

Les époux ont la possibilité, dans le cadre d'un divorce contentieux, de soumettre à l'homologation du juge des ***conventions réglant tout ou partie des conséquences du divorce*** (art. 268). Cette disposition permet au juge d'homologuer de façon globale les intérêts patrimoniaux et extrapatrimoniaux du divorce des époux.

Tout en réaffirmant le principe de séparation entre le prononcé du divorce et le partage des biens des ex-époux, l'article 267 du Code civil permet au juge aux affaires familiales de ***statuer sur l'ensemble de la liquidation et du partage des intérêts patrimoniaux des époux***. Depuis le 1er janvier 2016, le juge peut statuer sur les demandes de liquidation et de partage des intérêts patrimoniaux en cas de désaccord persistant entre les parties, dans les conditions fixées au Code de procédure civile (CPC, art. 1361 à 1378). Pour ce faire, les parties doivent produire d'une part une ***déclaration commune d'acceptation d'un partage judiciaire***, indiquant les points de désaccord entre les époux et d'autre part le ***projet établi par le notaire*** désigné sur le fondement du 10° de l'article 255 (art. 267, al. 2). En effet, pour tous les cas de divorce, lors de l'audience de conciliation, « le juge peut [...] 9° Désigner tout professionnel qualifié en vue de dresser un inventaire estimatif ou de faire des propositions quant au règlement des intérêts pécuniaires des époux ; 10° Désigner un notaire en vue d'élaborer un projet de liquidation du régime matrimonial et de formation des lots à partager » (art. 255).

Le juge statue également sur les demandes des époux relatives au maintien dans l'indivision, à l'attribution préférentielle et aux éventuelles avances sur part de communauté ou de biens indivis, à défaut d'un règlement conventionnel par les époux (art. 267, al. 1er) et, même d'office, sur la détermination du régime matrimonial applicable aux époux (art. 267, al. 5).

■ *Les autres effets pécuniaires*

Les autres effets pécuniaires du divorce sont d'ordre divers :

- il met fin à la ***vocation successorale*** entre époux dès lors que la décision a pris force de chose jugée (art. 732) ;
- « le divorce est sans incidence sur les droits que l'un ou l'autre des époux tient de la loi ou des ***conventions*** passées avec des tiers » (art. 265-1) ;

– l'article L. 353-3 du Code de la sécurité sociale prévoit que le conjoint divorcé non remarié est assimilé à un conjoint survivant à certaines conditions pour l'application des dispositions relatives à la ***pension de réversion*** ;
– le conjoint divorcé qui ne bénéficie pas à un autre titre de l'assurance-maladie et maternité continue d'avoir droit, pour lui-même et les membres de sa famille à charge, aux ***prestations en nature de l'assurance-maladie,*** à certaines conditions (CSS, art. L. 161-15) ;
– le conjoint survivant ou séparé de corps dont l'ex-époux décède à la suite d'un ***accident du travail*** peut percevoir une rente s'il a obtenu une pension alimentaire (CSS, art. L. 434-8, al. 2).

4 Les effets du divorce sur les rapports parents/enfants

Le divorce des parents nécessite certains aménagements de l'exercice de l'autorité parentale ainsi que la définition de la contribution de chacun des époux à l'entretien des enfants.

■ *L'autorité parentale*

La loi du 4 mars 2002 a posé le ***principe de l'exercice en commun de l'autorité parentale*** quel que soit le statut des parents (art. 372, al. 1er). Dans certains cas exceptionnels, l'exercice de l'autorité peut être confié unilatéralement à un seul parent ou l'enfant peut être confié à un tiers.

En cas de divorce par consentement mutuel, la convention fixe les modalités d'exercice de l'autorité parentale. Dans les autres cas de divorce, le jugement de divorce règle les conséquences du divorce, y compris sur les ***modalités d'exercice de l'autorité parentale*** et de contribution à l'entretien et à l'éducation de l'enfant. Les parents peuvent conclure une convention par laquelle ils organisent les modalités de l'autorité parentale et demander au juge d'homologuer cette convention afin de lui donner force obligatoire.

En cas de séparation des parents, le parent chez lequel l'enfant ne réside pas possède un droit de visite et d'hébergement qui ne peut lui être refusé que pour des motifs graves (art. 373-2-1, al. 2 et art. 373-2). Depuis la loi du 4 mars 2002, la résidence de l'enfant peut être ***alternée***.

■ *La contribution des époux à l'entretien des enfants*

Le parent chez lequel les enfants n'ont pas leur résidence habituelle ou qui n'a pas l'exercice de l'autorité parentale doit contribuer à l'entretien et à l'éducation des enfants en fonction de ses ressources et de celles de son ex-conjoint.

Les modalités et les garanties de cette ***pension alimentaire*** sont fixées par la convention organisant les effets du divorce par consentement mutuel, par la convention homologuée ou, à défaut, par le juge.

Si la consistance des biens du débiteur le permet, la pension alimentaire peut être remplacée par le ***versement d'une somme d'argent*** entre les mains d'un organisme accrédité, chargé d'accorder en contrepartie à l'enfant une rente indexée, l'abandon de biens en usufruit ou l'affectation de biens productifs de revenus (art. 372-2-3). Si cela se révèle insuffisant, un complément sous forme de pension alimentaire pourra être sollicité.

La pension alimentaire ne concerne pas seulement les enfants mineurs.

La séparation de corps

Chapitre 10

La séparation de corps est un état des époux qui ont obtenu, par décision judiciaire, l'autorisation d'être dispensés de l'obligation de vie commune. Les cas de séparation de corps ainsi que la procédure pour y parvenir sont calqués sur les dispositions relatives au divorce.

La séparation de corps doit être distinguée de la séparation de fait : les époux vivent séparément à la suite d'une décision commune ou unilatérale. Ils ne peuvent organiser leur séparation de manière amiable mais selon les dispositions de l'article 376-1 du Code civil, le juge aux affaires familiales peut tenir compte des pactes conclus entre les parents concernant les modalités de l'exercice de l'autorité parentale ou de l'éducation d'un enfant mineur, à moins que l'un d'eux ne justifie de motifs graves qui l'autoriseraient à révoquer son consentement.

Les dispositions relatives à la séparation de corps sont peu nombreuses et renvoient souvent à celles organisant le divorce, d'autant plus que la loi du 23 mars 2019 a déjudiciarisé la séparation de corps par consentement mutuel comme la loi Justice du XXIe siècle du 18 novembre 2016 l'avait fait pour le divorce.

1 Les cas de séparation de corps

Les cas de séparation de corps sont les mêmes que ceux du divorce judiciaire (art. 296). Le choix est laissé au demandeur entre divorce et séparation de corps et aux deux époux en cas de demande conjointe. Le juge saisi ne peut substituer la séparation de corps à une demande en divorce pour quelque raison que ce soit, par exemple s'il a l'espoir d'une réconciliation.

La ***séparation de corps peut être prononcée dans 4 cas*** :

- la ***faute*** : la faute prise en compte ne doit pas être moins importante que celle retenue pour le divorce sous prétexte que l'atteinte au lien matrimonial est moins importante. En effet, la séparation de corps pourra être convertie en divorce, sur simple demande, à l'issue d'un délai de deux ans ;
- l'***altération définitive du lien conjugal*** ;
- le ***consentement mutuel*** : dans cette hypothèse, la conversion ne sera alors possible que sur consentement mutuel ;
- l'***acceptation du principe de la rupture du mariage***.

2 La procédure de la séparation de corps

La procédure de séparation de corps est ***identique à celle du divorce*** (C. civ., art. 298 et CPC, art. 1129). La loi du 23 mars 2019 a parfait cette identité de procédure : lorsqu'elle est demandée par consentement mutuel, la séparation de corps se fait désormais également par acte sous signature privée contresigné par avocats et déposé au rang des minutes d'un notaire, comme le divorce depuis la loi du 18 novembre 2016 (art. 296).

Un époux peut répondre à une demande en divorce de son conjoint par une ***demande reconventionnelle en séparation de corps***.

Un époux peut répondre à une demande de séparation de corps par une ***demande reconventionnelle en divorce*** (art. 297, *in fine*). Lorsque la demande principale en divorce est fondée sur l'altération définitive du lien conjugal, la demande reconventionnelle ne peut tendre qu'au divorce (art. 297). Dans les autres cas, le juge doit d'abord examiner la demande en divorce et prononcer celui-ci dès que les conditions en sont réunies. Par exception, les demandes de divorce et de séparation de corps sont examinées simultanément par le juge lorsqu'elles sont toutes deux fondées sur la faute. Dans cette hypothèse, le juge prononce le divorce aux torts partagés si les conditions en sont réunies.

Un époux qui a entamé une procédure de divorce peut, en cours de procédure, passer à une demande de séparation de corps (CPC, art. 1076, al. 1er). L'inverse n'est pas possible (CPC, art. 1076, al. 2).

Les époux peuvent solliciter des ***mesures conservatoires*** dans le cadre d'une procédure de séparation de corps comme dans le cadre d'une procédure de divorce.

3 Les effets de la séparation de corps

Selon l'article 299 du Code civil, « la séparation de corps ne dissout pas le mariage » ; elle opère simplement un relâchement du lien matrimonial.

■ *Les effets dans les rapports personnels*

La séparation de corps met fin à l'***obligation de vie commune*** (art. 299) : chaque époux peut choisir sa résidence et il n'existe plus d'obligation pour chacun des époux de recevoir l'autre à son domicile.

L'époux conserve le ***nom*** de son conjoint sauf si la convention de séparation de corps par acte sous signature privée contresigné par avocats déposé au rang des minutes d'un notaire ou le jugement de séparation de corps ou un jugement postérieur le lui interdit (art. 300).

L'***adultère***, commis après la séparation de corps, pourra être invoqué à l'appui d'une demande en divorce pour faute, même si les tribunaux font preuve de plus en plus de souplesse en la matière, notamment lorsque l'infidélité est commise longtemps après le jugement de séparation de corps.

La séparation de corps a à l'égard des ***enfants*** les mêmes conséquences que le divorce.

■ *Les effets dans les rapports pécuniaires*

a) Le maintien du devoir de secours

En cas de séparation de corps, chacun des époux doit à l'autre qui se trouve dans le besoin, au titre du devoir de secours qui subsiste, une ***pension alimentaire*** qui est fixée par le jugement de séparation de corps ou par un jugement postérieur (art. 303) sans que soient pris en compte les torts, mais l'époux débiteur pourra invoquer l'article 207, alinéa 2 du Code civil qui lui permet d'être déchargé de sa dette par le juge « quand le créancier aura gravement manqué à ses obligations envers le débiteur » (art. 303, al. 2 et art. 207, al. 2). Cette pension est soumise aux règles des obligations alimentaires (art. 303, al. 3), mais elle peut être remplacée en tout ou partie par un capital lorsque la consistance des biens de l'époux débiteur s'y prête (art. 303, al. 4).

La pension alimentaire est révisable et fonction des besoins de l'époux débiteur.

b) Les donations, avantages matrimoniaux et successions

Les donations et avantages matrimoniaux subissent le ***même sort qu'en matière de divorce*** (art. 266 et s.).

Le décès de l'un des époux séparés de corps permet à l'autre époux de conserver les droits accordés par la loi au conjoint survivant (art. 301). Cependant, en cas de séparation de corps par consentement mutuel, les époux peuvent inclure dans leur convention une renonciation à leurs droits successoraux (art. 301, *in fine*).

c) La fin du régime matrimonial

La séparation de corps met fin au régime matrimonial : « la séparation de corps entraîne toujours la ***séparation de biens*** » (art. 302, al. 1er). Le jugement de séparation de corps prend effet dans les rapports entre les époux, en ce qui concerne leurs biens selon des règles différentes selon le type de divorce et donc de séparation de corps (art. 262-1) :

- en cas de ***séparation de corps par consentement mutuel*** : à la date de l'homologation de la convention réglant l'ensemble des conséquences de la séparation de corps, à moins que celle-ci n'en dispose autrement lorsque la séparation de corps est judiciaire et à la date à laquelle la convention réglant l'ensemble des conséquences du divorce acquiert force exécutoire, à moins que cette convention n'en stipule autrement, lorsque la séparation de corps est extra-judiciaire ;
- ***dans les autres cas,*** la date de l'ordonnance de non-conciliation organisant les modalités de la résidence séparée des époux.

■ *La fin de la séparation de corps*

a) Le décès

Le décès provoque la ***dissolution du mariage*** et met donc fin à la séparation de corps.

b) La réconciliation

Prévue par l'article 305 du Code civil, la réconciliation suppose la ***reprise de la vie commune*** qui doit être soit constatée par acte notarié, soit déclarée à l'officier d'état civil avec mention en marge de l'acte de mariage et des actes de naissance. En pratique, cette formalité est rarement accomplie car elle a pour seul objectif de rendre opposable aux tiers la fin de la séparation de corps.

La réconciliation ne peut consister dans une volonté unilatérale de reprendre la vie commune ; elle suppose un ***accord de volontés*** entre les deux époux. Ceux-ci conserveront alors le régime de la séparation de biens, sauf demande de changement selon les règles de l'article 1397 du Code civil.

c) La conversion de la séparation de corps en divorce

La séparation de corps est considérée comme un état provisoire. La conversion de la séparation de corps en divorce est possible selon deux modalités.

1) La conversion par volonté unilatérale

La conversion par volonté unilatérale est possible quelle que soit la cause de la séparation de corps sauf pour les séparations prononcées par consentement mutuel (art. 307, al. 2).

La volonté de l'un des époux suffit à la conversion dès lors qu'un ***délai de deux ans*** s'est écoulé à compter du jour où le jugement de séparation de corps est devenu définitif jusqu'au jour de la demande de conversion (art. 306) : la conversion est ***de droit*** dès lors que ces conditions sont réunies.

Le juge aux affaires familiales est compétent. La demande de conversion est formée, instruite et jugée selon la procédure en matière contentieuse (CPC, art. 1131, al. 1er). Aucune demande reconventionnelle n'est recevable, sauf sur les conséquences du divorce (CPC, art. 1131, al. 2).

Le mariage est dissous comme pour tout divorce. La pension alimentaire disparaît, éventuellement remplacée par une prestation compensatoire s'il y a lieu.

2) La conversion par consentement mutuel

La procédure de conversion par consentement mutuel est possible pour toutes les séparations de corps, quelles que soient la cause et l'imputabilité. Elle ne nécessite pas de délai de deux ans, mais exige l'***accord des époux***. En cas de séparation de corps par consentement mutuel, la conversion en divorce ne peut intervenir que par consentement mutuel (art. 307). Cependant, il est possible à chacun des époux d'introduire une demande en divorce « ordinaire » fondée sur d'autres causes que celles qui justifient la séparation de corps.

Les effets sont les mêmes que ceux d'un divorce par consentement mutuel.

La filiation

PARTIE 2

L'enfant, qui désigne généralement une personne dont la capacité est réduite en raison de son immaturité, est également celui qui est uni à son parent par un lien de filiation étroit : le lien de parenté. L'ordonnance du 4 juillet 2005 a opéré une réforme profonde du droit de la filiation, dans l'objectif d'une simplification de celui-ci.

L'établissement et la preuve de la filiation

Chapitre 11

Trois modes d'établissement de la filiation sont prévus par le Code civil : par l'effet de la loi, par la reconnaissance volontaire ou par la possession d'état constatée par un acte de notoriété (art. 310-1, al. 1er). Elle peut également être établie par jugement.

L'article 311 du Code civil pose la présomption selon laquelle un enfant est conçu pendant la période comprise ***entre le 300e et le 180e jour***, inclusivement, avant la date de la naissance (art. 311, al. 1). Les délais sont exprimés en jours et comptés par jour de zéro heure à minuit et non par heure.

La date de la conception sera fixée à un moment quelconque de cette période « suivant ce qui est demandé dans l'intérêt de l'enfant » (art. 311, al. 2) : cette présomption est dite « *omni meliore momento* ».

Le demandeur peut apporter par tous moyens la preuve d'une grossesse plus longue ou plus courte.

1 L'établissement de la filiation par l'effet de la loi

La loi permet dans certaines circonstances l'établissement automatique, d'une part, de la filiation maternelle et, d'autre part, de la filiation paternelle de l'enfant.

■ *La filiation maternelle*

« La filiation est établie, à l'égard de la mère, par la ***désignation de celle-ci dans l'acte de naissance*** de l'enfant » (art. 311-25). L'article 316 du Code civil donne la possibilité à la mère qui n'aurait pas souhaité que son nom figure dans l'acte de naissance, c'est-à-dire qui a accouché ***sous X***, de reconnaître l'enfant lorsqu'elle souhaite que celui-ci lui soit restitué dans le délai légal (2 mois).

L'acte de naissance constitue une ***preuve par titre***. Il fait présumer qu'il y a accouchement ; l'officier d'état civil ne procède à aucune vérification des affirmations du déclarant. La fausseté des déclarations pourra être prouvée par tous moyens. L'acte de naissance ne permet pas de prouver l'identité. En effet, n'importe qui peut se faire délivrer un acte de naissance. La possession d'état permet de confirmer l'identité de la personne.

L'acte de naissance peut être ***contesté*** par tout intéressé à l'aide de tout moyen de preuve.

La reconnaissance d'un ***enfant conçu ou né pendant le mariage*** par les parents mariés est impossible et ne peut donc servir de mode de preuve. Le seul titre susceptible de prouver la filiation d'un enfant conçu ou né dans le mariage est l'acte de naissance. Tant qu'elle n'a pas été contestée en justice, la filiation légalement établie fait obstacle à l'établissement d'une autre filiation qui la contredirait (art. 320).

■ *La filiation paternelle*

a) Le domaine de la présomption de paternité

La présomption de paternité demeure l'un des ***effets fondamentaux du mariage*** (art. 312). Elle permet de considérer que « l'enfant conçu pendant le mariage a pour père le mari » (*pater is est quem nuptiae demonstrant*). Ainsi, l'enfant inscrit à l'état civil avec l'indication du nom de la mère est automatiquement l'enfant du mari. Si le nom du mari a été omis de l'acte de naissance, une simple action en rectification des actes de l'état civil permettra d'apposer cette mention.

L'article 6-1 du Code civil exclut le jeu de la présomption de paternité au sein des ***couples homosexuels*** mariés.

Autrefois, cette présomption était quasiment irréfragable ; elle le devient de moins en moins face aux progrès des techniques scientifiques qui permettent d'exclure avec certitude une paternité, par exemple celle du mari.

La présomption de paternité s'applique aux enfants nés pendant le mariage. Le père marié qui souhaite contester sa paternité doit avoir recours aux dispositions générales lui permettant de ***contester la paternité*** (art. 332 et s.).

b) L'exclusion de la présomption de paternité

La présomption de paternité est écartée dans un certain nombre de cas :

– la présomption de paternité ne s'applique pas à l'***enfant conçu en période de séparation légale*** : elle est écartée en cas de demande en divorce ou en séparation de corps, « lorsque l'enfant est né plus de trois cents jours après la date soit de l'homologation de la convention réglant l'ensemble des conséquences du divorce ou des mesures provisoires prises en application de l'article 250-2, soit de l'ordonnance de non-conciliation, et moins de cent quatre-vingts jours depuis le rejet définitif de la demande ou la réconciliation » (art. 313 ; après l'introduction de la demande en divorce ou en séparation de corps ou après le dépôt au rang des minutes d'un notaire de la convention réglant l'ensemble des conséquences du divorce, et moins de cent quatre-vingts jours depuis le rejet définitif de la demande ou la réconciliation a/c. du 1er sept. 2020) ;

– la présomption de paternité est écartée lorsque l'***acte de naissance de l'enfant ne désigne pas le mari en qualité de père*** et que l'enfant n'a pas de possession d'état à son égard (art. 314).

Les effets de la présomption de paternité peuvent être rétablis :

– ***de plein droit*** si l'enfant a la possession d'état à l'égard du mari et s'il n'y a pas une filiation paternelle déjà établie à l'égard d'un tiers (art. 314) ;

– en prouvant que ***le mari de la mère est le père de l'enfant*** (art. 315 et 329).

Le mari a également la possibilité de reconnaître l'enfant (art. 315, *in fine*).

2 L'établissement de la filiation par la reconnaissance

La reconnaissance consiste dans un acte de volonté par lequel un parent admet et entend assumer le lien de filiation qui le rattache à l'enfant.

■ *Les hypothèses*

La reconnaissance de paternité ou de maternité permet d'établir la filiation dans les hypothèses où la filiation n'a pas été établie par l'effet de la loi, c'est-à-dire lorsque la ***présomption de paternité n'est pas applicable*** (art. 316, al. 1er) ou lorsque la présomption de paternité a été écartée en application de l'article 313. Le mari de la mère peut alors reconnaître l'enfant (art. 315).

La reconnaissance est possible pour la mère lorsque celle-ci n'est pas désignée dans l'acte de naissance (art. 311-25).

Les modalités de la reconnaissance

La reconnaissance doit se faire par ***acte authentique*** (art. 316), le plus souvent auprès de l'officier d'état civil. Elle peut se faire au cours d'un ***procès***. Elle est alors consignée par le greffier. Elle est encore valable lorsqu'elle est faite auprès d'un ***notaire***. Dans ce cas-là, il s'agit souvent de reconnaissances qui se veulent secrètes.

La reconnaissance peut être faite ***avant ou après la naissance*** (art. 316, al. 1er). Le plus souvent, elle se fait lors de l'enregistrement de la naissance, dans l'acte de naissance (art. 316, al. 3) ; elle peut aussi se faire à n'importe quel moment, y compris avant la naissance (et même après le décès de l'enfant), auprès de l'officier d'état civil de n'importe quelle commune. La reconnaissance sera ensuite inscrite en marge de l'acte de naissance (art. 62, al. 3).

Les caractères de la reconnaissance

La reconnaissance est un acte qui doit être purement ***personnel*** : il ne peut émaner que du père ou de la mère.

La reconnaissance ne nécessite aucune condition de ***capacité*** et peut donc émaner notamment d'un mineur ou d'un majeur protégé.

L'officier d'état civil en ***avise l'autre parent*** par lettre recommandée avec demande d'avis de réception (art. 57-1). Néanmoins, la reconnaissance n'établit la filiation qu'à l'égard de son auteur (art. 316, al. 2). Celui-ci doit d'ailleurs être informé du caractère divisible du lien de filiation ainsi établi (art. 316, al. 4).

La loi du 10 septembre 2018 pour une immigration maîtrisée, un droit d'asile effectif et une intégration réussie a complété l'article 316 et créé les articles 316-1 et 316-2 afin de prévenir les reconnaissances frauduleuses.

Lorsque l'officier d'état civil constate une ***contradiction*** entre les énonciations relatives à l'auteur d'une reconnaissance et les informations concernant le père que lui communique le déclarant, il établit l'acte de naissance au vu des informations communiquées par le déclarant, puis en avise sans délai le procureur de la République, qui peut alors contester la paternité sur le fondement de l'article 336 du Code civil (art. 336-1). L'article 320 du Code civil dispose en effet que « Tant qu'elle n'a pas été contestée en justice, la filiation légalement établie fait obstacle à l'établissement d'une autre filiation qui la contredirait. ».

La reconnaissance est ***irrévocable***.

3 L'établissement de la filiation par la possession d'état constatée dans un acte de notoriété

La possession d'état est le fait pour un individu de se comporter comme s'il était titulaire d'un état, ici celui d'enfant. Cette apparence fait présumer que la filiation est bien réelle. La possession d'état constitue un mode d'établissement à part entière de la filiation naturelle depuis la loi du 25 juin 1982.

Les éléments constitutifs de la possession d'état

Pour être constituée, la possession d'état doit réunir un nombre suffisant de caractéristiques dont le Code civil donne les exemples les plus importants (art. 311-1) :

- ***tractatus*** : l'enfant est traité par ceux qui sont présumés être ses parents comme leur enfant. De même, l'enfant les traite comme ses parents. Le *tractatus* est désormais l'élément primordial ;
- ***fama*** : ceux qui sont présumés être les parents de l'enfant sont considérés comme tels par la société, par la famille et également par l'autorité publique ;
- ***nomen*** : l'enfant porte le nom de celui qui est considéré comme son parent.

Le Code civil donne également une certaine importance au fait que les parents ont pourvu à l'éducation, à l'entretien ou à l'installation de l'enfant (art. 311-1, al. 4).

Les caractères de la possession d'état

La possession d'état doit être ***continue, paisible, publique*** et ***non équivoque*** (art. 311-2).

Si plusieurs possessions se succèdent, les caractéristiques de chacune seront examinées. Après avoir favorisé la possession d'état originaire, des décisions plus récentes privilégient la possession d'état actuelle. Certaines décisions privent d'effet juridique les deux possessions contraires car elles seraient rendues équivoques.

La preuve de la possession d'état

La preuve des éléments constitutifs de la possession d'état est ***libre*** (art. 310-3, al. 2).

La possession d'état peut être prouvée de façon non contentieuse par un ***acte de notoriété***, établi par le notaire (art. 317 – L. 23 mars 2019). Il est délivré à la demande de l'enfant ou de ses parents, seuls ou conjointement. L'acte de notoriété contiendra la déclaration faite par trois témoins attestant de l'existence des éléments de la possession d'état (art. 317, al. 2). Le lien de filiation ainsi constaté par cette possession d'état est mentionné en marge de l'acte de naissance de l'enfant.

En cas de refus du notaire d'établir l'acte de notoriété, les parents, mais également tout intéressé, peuvent engager une ***action en constatation de la possession d'état*** alléguée devant le tribunal de grande instance dans les dix années de la possession d'état alléguée (art. 320 et 321). La demande en constatation peut également être présentée en défense à une action en contestation de l'acte de notoriété.

La preuve de l'absence de possession d'état peut se faire également par tout moyen dans le cadre d'une ***action en contestation de la possession d'état***. En présence d'un acte de notoriété, la charge de la preuve est renversée : « la filiation établie par la possession d'état constatée par un acte de notoriété peut être contestée par toute personne qui y a intérêt en rapportant la preuve contraire, dans le délai de 10 ans à compter de la délivrance de l'acte » (art. 335).

■ *Les effets de la possession d'état*

La possession d'état permet d'***établir la filiation*** au moyen d'un acte de notoriété (art. 310-3) : « la filiation se prouve par l'acte de naissance de l'enfant, par l'acte de reconnaissance ou par l'acte de notoriété constatant la possession d'état » (art. 310-3, al. 1er ; v. *supra*).

L'article 317 du Code civil permet à chacun des parents ou à l'enfant de demander au juge que lui soit délivré un acte de notoriété qui fera foi de la possession d'état (v. *supra*) jusqu'à preuve contraire. La compétence est attribuée au ***juge d'instance***. L'acte de notoriété est établi sur la foi des déclarations d'au moins trois témoins et, si le juge l'estime nécessaire, de tout autre document produit qui atteste une réunion suffisante de faits constitutifs de la possession d'état (art. 317, al. 2). Les parents peuvent solliciter la délivrance de l'acte de notoriété uniquement dans les cinq années suivant la cessation de la possession d'état alléguée ou à compter du décès du parent prétendu (art. 317, al. 3). À défaut, les parents peuvent envisager l'***action en constatation de la possession*** d'état qui peut être exercée dans les dix années de la cessation de la possession d'état alléguée (art. 321).

Lorsque le parent est décédé avant la déclaration de naissance de l'enfant, l'acte de notoriété peut être délivré en prouvant l'existence d'une possession d'état prénatale (art. 317, al. 2).

La filiation établie par la possession d'état constatée dans l'acte de notoriété est mentionnée en marge de l'***acte de naissance de l'enfant*** (art. 317, al. 4).

La possession d'état constitue un moyen de ***consolider la filiation de l'enfant***. Lorsque la possession d'état est conforme au titre, les seules personnes qui peuvent agir en constatation de la filiation sont l'enfant, l'un de ses père et mère ou celui qui se prétend le parent véritable (art. 333). Qu'il s'agisse d'un enfant né pendant le mariage ou hors mariage, la contestation de la maternité ou de la paternité d'un enfant dont le titre est conforme à la possession d'état est possible mais pour une durée limitée à cinq années à compter du jour où la possession d'état a cessé ou du décès du parent dont le lien de filiation est contesté (art. 333, al. 1er). Dans toutes les hypothèses, il n'est plus possible de contester la filiation d'un enfant dont le titre est conforme à la possession d'état lorsque celle-ci a duré plus de cinq années depuis la naissance ou la reconnaissance dans le cas où celle-ci a été faite ultérieurement (art. 333, al. 2).

La possession d'état permet toujours de ***rétablir la présomption de paternité*** lorsque l'enfant a été conçu en période de séparation légale « si l'enfant a la possession d'état à l'égard du mari et s'il n'a pas une filiation paternelle déjà établie à l'égard d'un tiers » (art. 314).

L'existence d'une possession d'état, en l'absence de titre, ***fait obstacle à la recherche de maternité*** (art. 325).

La possession d'état peut servir au cours d'une ***action en contestation d'état*** pour prouver la filiation.

Les actions relatives à la filiation

Chapitre 12

L'ordonnance du 4 juillet 2005 a considérablement simplifié le régime des actions relatives à la filiation, qu'il s'agisse d'établir celle-ci ou de la contester. Les actions relatives à la filiation obéissent à un certain nombre de règles communes mais également à des règles spécifiques à chacune d'elles.

1 Les dispositions communes concernant les actions relatives à la filiation

Un certain nombre de règles sont communes à toutes les actions relatives à la filiation.

■ La compétence

Les questions relatives à la filiation relèvent exclusivement du ***tribunal de grande instance*** (art. 318-1). Les autres juridictions, notamment les tribunaux répressifs, doivent surseoir à statuer dans le cas où se pose un problème de filiation (art. 319), sauf en cas d'« infraction portant atteinte à la filiation d'une personne ».

Les questions qui concernent la filiation sont examinées en ***chambre du conseil***.

Les jugements rendus en matière de filiation sont ***opposables à tous*** dès qu'ils ont pris force de chose jugée (art. 324, al. 1er) : ils ont une autorité absolue provisoire dans la mesure où une tierce opposition reste possible lorsque l'action n'était pas réservée en demande dans un délai de 10 ans, réduit à 2 mois si la décision a été notifiée. Si la tierce opposition est reçue, elle ne prend effet qu'à l'égard de celui qui l'a exercée. L'intervention forcée évite cet écueil en rendant le jugement commun (art. 324, al. 2).

Pour toutes ces actions, le tribunal de grande instance qui fait droit à la demande peut statuer sur l'exercice de l'autorité parentale, la contribution à l'entretien et à l'éducation de l'enfant et sur l'attribution du nom de famille (art. 331).

La prescription

La durée du délai de prescription est de ***10 ans***. Ce délai est suspendu pendant la minorité de l'enfant, même lorsque celui-ci a été émancipé.

a) La prescription des actions relatives à l'établissement de la filiation

- ***action aux fins d'établissement de la filiation maternelle*** : dans les 10 ans de la naissance (art. 321) ;
- ***action aux fins d'établissement de la filiation paternelle*** :
  - *action en rétablissement des effets de la présomption de paternité* : pendant la minorité de l'enfant pour les époux (art. 329),
  - *établissement de la filiation paternelle d'un enfant né hors mariage* : 10 ans à compter du jour où l'enfant a été privé de l'état qu'il réclame (art. 321) ;
- ***action en constatation de la possession d'état*** : 10 ans à compter de sa cessation ou du décès du parent prétendu (art. 330).

b) La prescription des actions en contestation de la filiation

- ***filiation établie par un titre corroboré par la possession d'état*** : 5 ans à partir du jour où la possession d'état a cessé ou du décès du parent dont le lien de filiation est contesté (avec une restriction ; l'action est irrecevable si l'enfant a la possession d'état conforme à son titre pendant 5 ans depuis sa naissance ou depuis la reconnaissance (art. 333) ;
- ***l'enfant a une possession d'état non conforme à son titre*** : 10 ans à compter de la naissance ou de la reconnaissance (art. 334 et 321) ; sauf lorsque la filiation est établie par la possession d'état constatée dans un acte de notoriété : 10 ans à compter de la délivrance de l'acte (art. 335).

L'enfant né et non viable

Toute action concernant un enfant qui est né non viable est irrecevable (art. 318).

L'indisponibilité et l'intransmissibilité

L'action relative à la filiation a un caractère personnel qui exclut qu'elle puisse être exercée par les ***créanciers*** de l'intéressé.

Le caractère personnel de l'action la rend également indisponible : il est impossible de transiger, renoncer (art. 323), acquiescer ou compromettre concernant cette action dans la mesure où la personne est ***hors commerce***.

La preuve scientifique du lien biologique

En cas de contestation d'une filiation, il est désormais possible de faire appel à la preuve scientifique, à condition qu'une procédure judiciaire soit engagée. Deux techniques sont possibles : d'une part ***l'expertise sanguine*** par système des « marqueurs », et d'autre part la méthode des ***empreintes génétiques*** (art. 16-11).

L'article 16-11 du Code civil permet la méthode des empreintes génétiques dans des conditions restrictives. En revanche, en matière d'expertise sanguine, la Cour de cassation a affirmé à plusieurs reprises que « l'expertise biologique est de droit en matière de filiation, sauf s'il existe un motif légitime de ne pas y procéder » (*Cass. 1re civ., 28 mars 2000, n° 98-12608*).

Le juge apprécie souverainement les résultats des expertises (CPC, art. 246).

Les effets communs des actions relatives à la filiation

Les jugements rendus en matière de filiation sont ***opposables à tous*** dès qu'ils ont pris force de chose jugée (art. 324, al. 1er).

Dans le cadre d'une action relative à la filiation quelle qu'elle soit, le tribunal de grande instance qui fait droit à la demande peut ***statuer sur l'exercice de l'autorité parentale***, la contribution à l'entretien et à l'éducation de l'enfant et sur l'attribution du nom de famille (art. 331).

Qu'il s'agisse d'une action visant à établir ou à contester la filiation, son succès impose la ***modification en conséquence des actes de l'état civil*** tenant compte des modifications apportées au lien de filiation.

2 Les dispositions particulières

Certaines dispositions sont spécifiques aux actions relatives à l'établissement de la filiation alors que d'autres ne concernent que les actions ayant pour objectif la contestation de la filiation.

Les dispositions spécifiques aux actions relatives à l'établissement de la filiation

a) L'action aux fins d'établissement de la filiation maternelle

L'action aux fins d'établissement de la filiation maternelle est ouverte aussi bien aux enfants nés pendant le mariage qu'à ceux nés hors mariage.

À défaut de titre et de possession d'état, la ***recherche de maternité*** est admise (art. 325).

Cette action est réservée à l'enfant qui doit prouver « qu'il est celui dont la mère prétendue a accouché ». L'action en recherche de maternité n'est donc plus fermée à l'enfant né ***sous X***.

L'action est ouverte dans les ***dix années*** de la naissance mais peut être exercée par l'enfant jusqu'à ce qu'il ait atteint l'âge de 28 ans puisque la prescription est suspendue au profit de l'enfant mineur (art. 321).

En cas de succès de l'action, la filiation maternelle est établie rétroactivement. L'enfant acquiert le nom de sa mère et la filiation est inscrite sur les actes de l'état civil de l'enfant.

Lorsqu'il fait droit à la demande, le tribunal de grande instance a également la possibilité de statuer sur l'exercice de l'autorité parentale, la contribution à l'entretien et à l'éducation de l'enfant et sur l'attribution de son nom de famille (art. 331).

b) Les actions aux fins d'établissement de la filiation paternelle

Un certain nombre de règles sont communes à ces actions :

- ***la preuve incombe au demandeur*** conformément au droit commun ;
- la preuve peut être faite par ***tous moyens*** (art. 310-3, al. 2) : le demandeur doit prouver la conformité de la filiation qu'il réclame à la vérité biologique, ce qui peut se faire notamment grâce à une analyse biologique ;
- la ***tierce opposition*** contre le jugement rendu est irrecevable.

1) L'action en recherche de paternité

L'article 327 du Code civil permet de déclarer judiciairement la paternité hors mariage. L'action en recherche de paternité est réservée à l'***enfant*** (art. 327). La mère, même mineure, a qualité pour exercer l'action en recherche de paternité durant la minorité de l'enfant (art. 328, al. 1er). Lorsque la filiation de l'enfant n'est pas non plus établie à l'égard de la mère, ou si celle-ci se trouve dans l'impossibilité de manifester sa volonté, l'action est exercée par le tuteur légal après autorisation du conseil de famille (art. 328, al. 2 et art. 408, al. 2).

Le ***défendeur*** est le père prétendu. Lorsque celui-ci est mineur, son représentant légal doit être mis en cause. L'action peut être exercée contre les héritiers du père prétendu si celui-ci est décédé (art. 328, al. 3). Si les héritiers ont renoncé à la succession, l'action est exercée contre l'État, mais ils doivent être appelés à la procédure (art. 328, al. 3).

La ***preuve*** doit être rapportée par le demandeur selon le droit commun. La paternité est un fait juridique : sa preuve est donc libre (art. 310-3, al. 2). Le magistrat peut autoriser une ***expertise sanguine*** ou un test d'identification génétique permettant de prouver ou d'écarter la paternité. Depuis une décision du 8 mars 2000, la Cour de cassation considère que « l'expertise biologique est de droit en matière de filiation sauf s'il existe un motif légitime de ne pas y procéder ». Lorsque le défendeur refuse de se soumettre à la mesure d'expertise, le juge peut en tirer toutes les conséquences (CPC, art. 11).

Le jugement conduit soit à l'accueil de la demande et à une déclaration de paternité, soit au rejet de la demande.

2) L'action en rétablissement de la présomption de paternité

L'action en rétablissement de la présomption de paternité (art. 329) consiste à rétablir les effets de la présomption de paternité dans les hypothèses où l'enfant est né plus de 300 jours après le début d'une période de ***séparation légale*** dans le cadre d'une procédure de ***divorce ou de séparation de corps*** (art. 313). La présomption de paternité se trouve rétablie de plein droit si l'enfant a la possession d'état à l'égard du mari et s'il n'a pas une filiation paternelle déjà établie à l'égard d'un tiers (art. 314).

Dans les autres cas, le demandeur, qui peut être le père ou la mère de l'enfant, doit prouver que le mari est le père. L'***expertise biologique*** est de droit, sauf motif légitime de ne pas y procéder.

Pour établir le lien de filiation dans cette hypothèse, le mari a également la possibilité de ***reconnaître l'enfant*** (art. 315, *in fine*).

c) L'action en constatation de la possession d'état

La possession d'état peut être constatée dans un ***acte de notoriété*** (v. *supra*) mais également par un jugement qui intervient aux termes de l'action en constatation de la possession d'état (art. 330 ; v. *supra*). Elle est donc sans objet en cas d'établissement antérieur d'un acte de notoriété.

L'***action en constatation de la possession d'état*** consiste pour le demandeur à apporter la preuve d'une réalité sociologique et non pas d'une vérité biologique ; l'expertise biologique n'est donc pas de droit dans cette hypothèse.

■ *La contestation de la filiation*

a) Les titulaires de l'action

Selon les modalités d'établissement de la filiation, les titulaires de l'action diffèrent :

- lorsque la filiation est établie par un titre, qu'il s'agisse d'un acte de naissance ou d'une reconnaissance, mais qui se trouve corroboré par la possession d'état, le titulaire de l'action est l'enfant, l'un de ses père et mère ou celui qui se prétend le parent véritable (art. 333) ;
- lorsque l'enfant n'a pas de possession d'état conforme à son titre de filiation, l'action est ouverte à tout intéressé (art. 334).

Le ***Ministère public*** peut également contester une filiation lorsque « des indices tirés des actes eux-mêmes la rendent invraisemblable ou en cas de fraude à la loi » (art. 336), notamment lorsque l'officier d'état civil détient une reconnaissance paternelle prénatale dont les énonciations relatives à son auteur sont contredites par les informations concernant le père que lui communique la personne lui déclarant la naissance.

b) L'objet de la preuve

L'objet de la preuve est de démontrer que ***la mère légale n'a pas accouché de l'enfant*** (contestation de la maternité) ou que ***le mari ou l'auteur de la reconnaissance n'est pas le père*** (contestation de la paternité).

Lorsque l'***enfant est né pendant le mariage***, il est possible de contester la filiation, même si son titre est conforme à sa possession d'état.

La preuve peut être faite par ***tous moyens*** (art. 310-3, al. 2) : le demandeur doit prouver la conformité de la filiation qu'il réclame à la vérité biologique, ce qui peut se faire notamment grâce à une analyse biologique.

Lorsque la possession d'état est constatée par un ***acte de notoriété***, l'objet de la preuve est le défaut d'existence de la possession d'état ou le vice affectant celle-ci. Dans cette hypothèse, l'expertise biologique n'est pas de droit parce que l'objet de la preuve ne réside pas dans la démonstration de la vérité biologique.

c) Les effets de l'action

Le succès de l'action conduit à ***anéantir rétroactivement le lien de filiation paternel ou maternel***, ce qui entraîne plusieurs conséquences notamment :

- les actes de l'état civil doivent être modifiés ;
- l'enfant doit changer de nom ;

– le parent auquel était rattaché l'enfant n'a plus de droits et obligations envers l'enfant ; il perd notamment l'autorité parentale. Un droit de visite et d'hébergement peut lui être accordé si l'intérêt de l'enfant l'exige.

3 L'action à fins de subsides

L'action à fins de subsides est une action purement alimentaire : elle a pour but pour la mère d'un enfant d'obtenir d'un père simplement possible de l'enfant des subsides destinées à nourrir et élever l'enfant.

Les conditions de l'action à fins de subsides

L'action à fins de subsides est ouverte à tout ***enfant dont la filiation paternelle n'est pas légalement établie*** (art. 342, al. 1er). La filiation maternelle doit être établie. L'enfant doit démontrer l'existence de ***relations sexuelles*** entre sa mère et le père possible pendant la période légale de conception (art. 342, al. 1er). Les relations sexuelles ne doivent pas forcément être suivies : des relations épisodiques ou même une brève rencontre peuvent fonder l'action. Les faits doivent s'être produits à un moment quelconque de la période de conception, le moment de la conception devant toujours être déterminé dans l'intérêt de l'enfant. Le défendeur pourra cependant faire la preuve de la date réelle de la conception.

Il n'existe plus qu'une seule fin de non-recevoir à l'action à fins de subsides. Elle consiste pour le défendeur à établir la preuve, par tous moyens, de sa ***non-paternité*** (art. 342-4). Le défendeur demandera notamment de pratiquer une ***expertise biologique***. Plus qu'une fin de non-recevoir, la preuve de la non-paternité constitue une défense au fond.

L'action peut être intentée pendant toute la minorité de l'enfant. Si elle n'a pas été exercée lorsqu'il atteint sa majorité, l'enfant peut encore l'exercer pendant les dix années suivantes. La procédure applicable est celle de l'action en recherche de paternité.

Les effets de l'action à fins de subsides

a) Les effets dans les rapports pécuniaires

Le père possible est condamné à verser des subsides. Ceux-ci prennent la forme d'une ***pension alimentaire***, c'est-à-dire des versements périodiques à l'exclusion d'un capital (art. 342-2, al. 1er). La pension est déterminée d'après les besoins de l'enfant, les ressources du défendeur et la situation familiale de ce dernier.

La sanction pénale de l'abandon de famille est applicable en cas de non-versement de la pension.

Le régime général des pensions alimentaires est applicable, notamment en ce qui concerne l'indexation et le recouvrement.

Les subsides peuvent être versés ***au-delà de la majorité*** si l'enfant est dans un état de besoin, à moins qu'il ne soit la cause de cet état (art. 342-2, al. 2). En revanche, le défendeur ne peut être condamné à verser des arriérés de pension alimentaire : la décision accordant des subsides est constitutive et non déclarative de droits. En cas de décès du débiteur, la charge des subsides passe à sa succession : les sommes seront alors prélevées sur l'actif net de l'hérédité (art. 342-5 et 767).

La filiation paternelle de l'enfant n'étant pas établie, l'enfant ne possède ***aucun droit successoral*** dans la succession de son père possible.

b) Les effets dans les rapports personnels

L'action à fins de subsides n'aboutit pas à l'établissement du rapport de filiation paternelle.

La reconnaissance du droit à des subsides n'a ***aucune conséquence*** que ce soit sur le nom, l'autorité parentale et le droit de visite. Le débiteur n'a pas même la possibilité de contrôler l'usage qui est fait des subsides. Cependant, l'article 371-4, alinéa 2 du Code civil permet au juge, lorsque l'intérêt de l'enfant l'exige, d'accorder à un tiers, parent ou non, un ***droit de visite*** dont peut notamment bénéficier le débiteur des subsides.

Si la filiation paternelle est établie à l'encontre d'un autre homme que le débiteur, « l'allocation des subsides cessera d'avoir effet » (art. 342-8, al. 2).

La reconnaissance du droit aux subsides conduit à créer un ***empêchement à mariage*** entre le débiteur et l'allocataire et entre l'un d'eux et leurs parents ou conjoints (art. 342-7).

L'assistance médicale à la procréation

Chapitre 13

L'assistance médicale à la procréation peut consister notamment en une insémination artificielle, avec le sperme du conjoint/partenaire/concubin ou avec celui d'un donneur, ou en une fécondation in vitro, c'est-à-dire en un transfert d'un embryon ou d'ovules. Il convient de distinguer la procréation médicalement assistée sans intervention d'un tiers donneur de celle faisant appel à un tiers donneur. Le procédé illégal organisant le recours à des mères porteuses doit être mis à part. En outre, « Est interdite toute intervention ayant pour but de faire naître un enfant génétiquement identique à une autre personne vivante ou décédée » (C. civ., art. 16-4, al. 3 et CSP, art. L. 2151- 1).

1 Les principes généraux relatifs à l'assistance médicale à la procréation

Selon l'article L. 2141-1 du Code de la santé publique, « l'assistance médicale à la procréation s'entend de pratiques cliniques et biologiques permettant la conception in vitro, la conservation des gamètes, des tissus germinaux et des embryons, le transfert d'embryons et l'insémination artificielle ».

L'article L. 2141-2 du même code pose des limites à l'utilisation de ces techniques : « L'assistance médicale à la procréation a pour objet de remédier à l'infertilité d'un couple ou d'éviter la transmission à l'enfant ou à un membre du couple d'une maladie d'une particulière gravité. Le caractère pathologique de l'infertilité doit être médicalement diagnostiqué ».

De plus, l'homme et la femme qui sollicitent une AMP doivent remplir certaines conditions :
- être vivants tous les deux ;
- être en âge de procréer ;
- ils doivent consentir préalablement au transfert des embryons ou à l'insémination.

L'AMP est donc exclue dans les cas suivants (CSP, art. L. 2141-2, al. 3) :
- en cas de décès d'un des membres du couple ;
- en cas de dépôt d'une requête en divorce ou en séparation de corps ou de cessation de la communauté de vie ;
- en cas de révocation par écrit du consentement par l'homme ou la femme auprès du médecin chargé de mettre en œuvre l'assistance médicale à la procréation.

Sont également exclus de l'accès à l'assistance médicale à la procréation les célibataires et les couples homosexuels.

2 La procréation médicalement assistée sans tiers donneur

Le mari, le partenaire ou le concubin est le ***père biologique de l'enfant***. Ce type d'assistance médicale à la procréation est largement favorisé par le législateur.

Dans le couple marié, lorsque le consentement à la procréation assistée a été donné, ***aucune action visant à établir ou contester la filiation ne sera recevable***. En cas de concubinage ou de pacs, le concubin/partenaire ne peut faire annuler sa reconnaissance. S'il n'a pas reconnu l'enfant, il ne pourra nier sa paternité lors d'une action en recherche de paternité. En outre, il « engage sa responsabilité envers la mère et envers l'enfant » (art. 311-20, al. 4).

L'***insémination artificielle* post mortem**, pratiquée avec le sperme du mari décédé, n'est pas admise et ne pourrait donner lieu à établissement de la filiation à l'égard du père dans la mesure où l'enfant naîtra plus de 300 jours après le décès du mari. La jurisprudence refusait, même avant la loi de 1994, l'implantation d'embryons congelés en attente d'implantation lorsque le mari décède. Néanmoins, par un arrêt du 31 mai 2016, le Conseil d'État a accepté qu'il soit procédé à l'exportation vers l'Espagne de gamètes du mari défunt d'une requérante qui souhaitait procéder dans ce pays à une insémination *post-mortem*.

3 La procréation médicalement assistée avec tiers donneur

Qu'il s'agisse d'époux ou de concubins, le couple qui décide de recourir à une assistance médicale à la procréation nécessitant l'intervention d'un tiers donneur doit donner préalablement ***son consentement devant un notaire*** (art. 311-20 – L. 23 mars 2019).

Si le couple est marié, la filiation est établie par l'acte de naissance comme le prévoit le droit commun de la filiation. La présomption de paternité s'applique. Le consentement ***interdit toute contestation ultérieure du lien de filiation*** à moins qu'il soit démontré que l'enfant n'est pas issu de la procréation médicalement assistée (adultère de la mère) ou bien que le consentement ait été privé d'effet (art. 311-20, al. 2), c'est-à-dire en cas de décès, de dépôt d'une requête en divorce ou de cessation de communauté de vie intervenant avant la réalisation de la procréation médicalement assistée ou en cas de révocation de l'accord (art. 311-20, al. 3). L'enfant lui-même ne pourra réclamer un autre état que celui résultant de la procréation assistée.

Dans l'hypothèse où l'IAD (insémination artificielle avec donneur) a lieu au sein du couple non marié, si le concubin ne reconnaît pas l'enfant, il ***engage sa responsabilité*** envers la mère et l'enfant (art. 311-20, al. 4). Selon un arrêt du 10 juillet 1990, lorsque le concubin donne son consentement à la procréation médicalement assistée, il contracte l'obligation à l'égard de l'enfant qui en est issu de se comporter comme un père et par conséquent de subvenir à ses besoins. En cas d'inexécution de cet engagement, l'annulation de la reconnaissance, possible à l'époque où l'arrêt a été rendu, génère un préjudice moral et matériel pour l'enfant. La responsabilité du concubin peut par conséquent être engagée dans cette hypothèse. En outre, l'article 311-20, alinéa 5 du Code civil dispose que la paternité est alors judiciairement déclarée. Il s'agit pour la mère représentant l'enfant d'exercer une action en recherche de paternité qui aboutira obligatoirement de façon favorable pour l'enfant.

Les articles 16-8 du Code civil, L. 2141-6, alinéa 3 et L. 1244-7 du Code de la santé publique imposent un principe d'***anonymat du donneur***, quel que soit l'élément ou le produit du corps humain concerné. Par conséquent, ***aucun lien de filiation*** ne pourra être établi entre le tiers donneur et l'enfant né de la procréation (art. 311-19, al. 1er). Aucune action en responsabilité ne pourra non plus être exercée à l'encontre de ce tiers donneur (art. 311-19, al. 2).

4 Les mères porteuses

La mère porteuse est celle qui reçoit soit le sperme d'un homme dont la femme/partenaire/concubine est stérile et s'engage à lui livrer l'enfant à l'accouchement, soit l'embryon du couple, mène la gestation à terme et livre ensuite l'enfant.

La ***paternité*** peut être établie sans contestation : le père est celui qui a donné son sperme.

La ***maternité*** pose plus de problèmes : la femme qui accouche est toujours considérée comme la mère. Elle peut toujours revenir sur sa décision de remettre l'enfant.

La technique utilisée consiste à ce que la mère porteuse accouche sous anonymat ou ne reconnaisse pas l'enfant, puis celui-ci est reconnu par le père de l'enfant. Enfin, l'enfant est adopté par sa conjointe.

Les conventions de mères porteuses sont considérées comme ***nulles car elles portent sur la personne humaine*** qui ne peut être l'objet d'un contrat. La Cour de cassation a condamné le contrat de mère porteuse, considérant qu'il porte atteinte au principe de l'indisponibilité du corps humain et constitue un détournement de l'institution de l'adoption (*Cass. ass. plén., 31 mai 1991, n° 80-20105*).

La Cour de cassation a justifié le refus de transcription de l'acte de naissance d'enfants nés d'une mère porteuse, établie en exécution d'une décision étrangère, en raison de « la contrariété à l'ordre public international français de cette décision, lorsque celle-ci comporte des dispositions qui heurtent des principes essentiels du droit français ».

Elle juge contraire « ***au principe de l'indisponibilité de l'état des personnes,*** principe essentiel du droit français, de faire produire effet, au regard de la filiation, à une convention portant sur la gestation pour le compte d'autrui, qui, fût-elle licite à l'étranger, est nulle d'une nullité d'ordre public aux termes des articles 16-7 et 16-9 du Code civil » (*Cass. 1re civ., 6 avril 2011, n° 10-19053, 09-17130 et 09-66486*).

Opérant un revirement de jurisprudence, l'Assemblée plénière de la Cour de cassation a récemment estimé (*Cass. ass. plén., 3 juill. 2015, n° 14-21323 et 15-50002 ; confirmé par Cass. 1re civ., 5 juill. 2017, n° 15-28697, 16-16901, 16-16455 et 16-16495 et Cass. 1re civ., 29 nov. 2017, n° 16-50061, Cass. ass. plén., 5 oct. 2018, n° 12-30138 et 10-19053*) que l'existence d'une convention de gestation pour autrui ne fait pas obstacle à la transcription de l'acte de naissance de l'enfant dès lors que cet acte de naissance n'est ni irrégulier ni falsifié et que les faits qui y étaient déclarés correspondaient à la réalité (la Cour de cassation refuse toute transcription sur les registres de l'état civil français désignant la mère d'intention dans la mesure où celle-ci n'a pas accouché). La Cour européenne des droits de l'Homme (*CEDH, Gde ch., avis, 10 avril 2019, n°P16-2018-001*) a estimé que le droit au respect de la vie privée de l'enfant, au sens de l'article 8 de la Convention européenne des droits de l'homme, requiert que le droit interne offre une possibilité de reconnaissance d'un lien de filiation entre l'enfant et la mère d'intention, désignée dans l'acte de naissance légalement établi à l'étranger comme étant la « mère légale » mais ne requiert pas pour autant que cette reconnaissance se fasse par la transcription sur les registres de l'état civil de l'acte de naissance légalement établi à l'étranger ; elle peut se faire par une autre voie, telle l'adoption de l'enfant par la mère d'intention.

Une circulaire du 25 janvier 2013 préconise la délivrance de certificats de nationalité française (CNF) aux enfants nés à l'étranger de Français, lorsqu'il apparaît, avec suffisamment de vraisemblance, qu'il a été fait recours à une convention portant sur la procréation ou la gestation pour le compte d'autrui, dès lors « que le lien de filiation avec un Français résulte d'un acte d'état civil étranger probant au regard de l'article 47 du Code civil selon lequel "tout acte de l'état civil des Français et des étrangers fait en pays étranger et rédigé dans les formes usitées dans ce pays fait foi, sauf si d'autres actes ou pièces détenus, des données extérieures ou des éléments tirés de l'acte lui-même établissent, le cas échéant, après toutes vérifications utiles, que cet acte est irrégulier, falsifié ou que les faits qui y sont déclarés ne correspondent pas à la réalité" ».

L'adoption plénière

Chapitre 14

L'adoption plénière permet de rattacher définitivement un enfant par un lien de filiation à une personne qui en fait la demande. Son régime a fait l'objet de modifications par les lois du 17 mai 2013 et du 14 mars 2016.

1 Les conditions requises pour l'adoption plénière

Les conditions requises pour l'adoption plénière sont prévues aux articles 343 et suivants du Code civil.

■ *Les conditions concernant la personne de l'adoptant*

L'adoption plénière est possible pour une personne seule ou pour un couple (art. 346). Une personne peut également adopter l'enfant de son conjoint.

a) L'adoption individuelle

La personne seule qui demande une adoption plénière doit être âgée de ***plus de 28 ans***.

Le candidat à l'adoption doit demander le consentement de son conjoint.

Lorsqu'il s'agit d'adopter l'***enfant de son conjoint***, la condition d'âge n'est pas exigée. L'adoption plénière de l'enfant du conjoint n'est permise que dans quatre hypothèses (art. 345-1) :

– lorsque l'enfant n'a de filiation légalement établie qu'à l'égard de ce conjoint ;
– lorsque l'enfant a fait l'objet d'une adoption plénière par ce seul conjoint et n'a de filiation établie qu'à son égard ;

– lorsque l'autre parent que le conjoint s'est vu retirer totalement l'autorité parentale ;
– lorsque l'autre parent que le conjoint est décédé et n'a pas laissé d'ascendants au premier degré ou lorsque ceux-ci se sont manifestement désintéressés de l'enfant.

b) L'adoption conjugale

L'adoption conjugale est ouverte ***sans condition d'âge***. Cependant, si les adoptants ont tous les deux moins de 28 ans, leur mariage doit avoir duré plus de 2 ans.

L'adoption plénière ne peut être sollicitée par des époux séparés de corps.

■ *Les conditions concernant la personne de l'adopté*

L'adopté doit avoir ***moins de 15 ans*** sauf s'il a été accueilli avant d'atteindre cet âge par des personnes ne remplissant pas les conditions pour l'adoption ou s'il a fait l'objet d'une adoption simple avant d'atteindre l'âge de 15 ans.

Si l'enfant a plus de 13 ans, il doit consentir personnellement à son adoption.

La ***loi n° 2016-297 du 14 mars 2016 relative à la protection de l'enfant*** a modifié le contenu des textes relatifs aux enfants adoptables.

Il existe ***3 catégories d'enfants adoptables*** (art. 347) :
– les enfants pour lesquels les père et mère ou le conseil de famille ont valablement ***consenti à l'adoption*** ;
– les ***pupilles de l'État*** ;
– les enfants ayant fait l'objet d'une ***déclaration judiciaire de délaissement parental*** dans les conditions précisées aux articles 381-1 et 381-2.

a) Les enfants pour lesquels les père et mère ou le conseil de famille ont valablement consenti à l'adoption

Le ***consentement à l'adoption*** est donné par le père ou la mère (art. 348, al. 1er) ou par un seul d'entre eux si la filiation n'est établie qu'à son égard (art. 348-1). Le dissentiment vaut refus. Ce consentement doit être donné par ***acte authentique*** devant un notaire français ou étranger, ou devant les agents diplomatiques ou consulaires français ou reçu par le service de l'aide sociale à l'enfance lorsque l'enfant lui a été remis (art. 348-3, al. 1er). Ce consentement peut être rétracté dans les deux mois (art. 348-3, al. 2).

Si l'enfant adoptable a moins de 2 ans, il doit obligatoirement être remis au service de ***l'aide sociale à l'enfance ou à un organisme autorisé pour l'adoption*** (art. 348-5).

Le tribunal peut passer outre le refus des parents s'il estime que celui-ci est abusif c'est-à-dire lorsque les parents se sont désintéressés volontairement de l'enfant au risque de compromettre sa santé ou sa moralité (art. 348-6, al. 1er), de même en cas de refus abusif du conseil de famille (art. 348-6, al. 2).

b) Les pupilles de l'État

Les pupilles de l'État dont les parents n'ont pas consenti à l'adoption constituent la majorité des enfants adoptés (art. 349). Ils ont été confiés aux services de ***l'aide sociale à l'enfance***. Ils sont reconnus adoptables par un arrêté du président du Conseil général. Le consentement à l'adoption est donné par le conseil de famille des pupilles de l'État (art. 349).

La loi du 14 mars 2016 a modifié les différentes catégories de pupilles de l'État (CASF, art. L. 224-4) qui sont désormais au nombre de 6 :

- les enfants dont la filiation n'est pas établie ou est inconnue et qui ont été accueillis par les services de l'aide sociale à l'enfance depuis plus de deux mois ;
- les enfants expressément remis aux services de l'aide sociale à l'enfance en vue de leur admission comme pupilles de l'État par les personnes qui ont qualité pour consentir à leur adoption ;
- les enfants orphelins de père et de mère confiés aux services de l'aide sociale à l'enfance depuis plus de deux mois pour lesquels la tutelle n'est pas organisée ;
- les enfants expressément remis au service depuis plus de six mois par leur père ou leur mère alors même que leur filiation est établie et connue mais dont l'autre parent n'a pas fait connaître au service, pendant ce délai, son intention d'en assumer la charge ;
- les enfants dont les parents ont fait l'objet d'un retrait de l'autorité parentale et qui ont été confiés aux services de l'aide sociale à l'enfance ;
- les enfants recueillis par le service de l'aide sociale à l'enfance en application des articles 381-1 et 381-2 du Code civil.

c) Les enfants ayant fait l'objet d'une déclaration judiciaire de délaissement parental

Sont adoptables les enfants déclarés abandonnés dans les conditions précisées aux articles 381-1 et 381-2, c'est-à-dire ayant fait l'objet d'une ***déclaration judiciaire de délaissement parental*** (art. 347). Le délaissement constitue une mesure de protection de l'enfant, s'intégrant dans le Code civil après l'assistance éducative, la délégation et le retrait de l'autorité parentale.

L'enfant est considéré comme délaissé « lorsque ses parents n'ont pas entretenu avec lui les ***relations nécessaires à son éducation ou à son développement*** pendant l'année qui précède l'introduction de la requête, sans que ces derniers en aient été empêchés par quelque cause que ce soit » (art. 381-1). Ne sont pas considérées comme des relations susceptibles d'interrompre le délai et de constituer une cause de rejet de la demande en déclaration de délaissement parental « La simple rétractation du consentement à l'adoption, la demande de nouvelles ou l'intention exprimée mais non suivie d'effet de reprendre l'enfant » (art. 381-2, al. 2).

Le ***tribunal de grande instance*** est compétent pour déclarer l'enfant judiciairement délaissé (art. 381-2, al. 1er) à la demande de la personne, de l'établissement ou du service départemental de l'aide sociale à l'enfance qui l'a recueilli, à condition qu'il se trouve dans la situation de délaissement décrite à l'article 381-1 pendant l'année qui précède l'introduction de la demande en déclaration judiciaire de délaissement parental (art. 381-2, al. 1er). La demande peut également être présentée par le Ministère public agissant d'office ou, le cas échéant, sur proposition du juge des enfants.

Le délaissement parental ne peut être déclaré lorsque, au cours de l'année précédant l'introduction de la demande, un membre de la famille demande à assumer la charge de l'enfant (art. 381-2, al. 3). Cette demande doit être jugée conforme à l'intérêt de l'enfant.

Par la même décision qui déclare l'enfant délaissé, le tribunal ***délègue l'autorité parentale*** sur l'enfant à la personne, à l'établissement ou au service départemental de l'aide sociale à l'enfance qui a recueilli l'enfant ou à qui ce dernier a été confié (art. 381-2, al. 5).

« Le délaissement parental peut être déclaré à l'endroit des deux parents ou d'un seul » (C. civ., art. 381-2, al. 4).

■ *Les conditions tenant aux rapports entre l'adopté et l'adoptant*

Le ou les adoptants doivent avoir ***au moins 15 ans de plus que l'adopté***. En cas d'adoption de l'enfant du conjoint, la différence exigée n'est que de 10 ans mais le tribunal peut décider de prononcer l'adoption même si la différence d'âge est inférieure en présence de « justes motifs » (art. 344, al. 2).

L'adoption peut être ***intrafamiliale***, c'est-à-dire prononcée entre membres d'une même famille. Un époux a la possibilité d'adopter les ***enfants de son conjoint*** (art. 345-1-1 ; v. *supra*).

2 La procédure d'adoption plénière

L'adoptant doit obtenir un agrément lorsqu'il désire adopter un enfant pupille de l'État (art. 351 et s.). Ensuite, il doit accueillir l'enfant dans son foyer pour que le jugement d'adoption puisse éventuellement être prononcé.

■ L'agrément

S'il veut adopter un enfant pupille de l'État, un enfant remis à un organisme autorisé pour l'adoption ou un enfant étranger, le futur adoptant doit engager une procédure d'agrément, à moins qu'il ne s'agisse d'une personne à qui l'aide sociale à l'enfance avait confié la garde de l'enfant.

L'agrément s'obtient auprès du ***service de l'aide sociale à l'enfance*** du département de résidence de la personne souhaitant adopter un enfant pupille de l'État. Il est valable 5 ans. L'agrément est donné par le responsable du service de l'aide sociale à l'enfance du département après avis d'une ***commission d'agrément***, dans un délai de 9 mois à compter de la date à laquelle la personne confirme sa demande d'agrément (CASF, art. L. 225-2, al. 2). Tout refus doit être motivé (CASF, art. L. 225-4). L'agrément est accordé en considération « des conditions d'accueil offertes par le demandeur sur les plans familial, éducatif et psychologique » (CASF, art. R. 225-4). Il est valable 5 ans (CASF, art. L. 225-2, al. 2).

L'adoption peut être prononcée ***sans agrément*** dans plusieurs cas :

- lorsqu'il existe des liens affectifs établis qui justifient la mesure d'adoption entre l'enfant et les personnes à laquelle il a été confié par le service de l'aide sociale à l'enfance pour en assurer la garde (CASF, art. L. 225-2, al. 1er) ;
- lorsque l'aptitude des adoptants à accueillir l'enfant a « été régulièrement constatée dans un État autre que la France, en cas d'accord international engageant à cette fin ledit État » (CASF, art. L. 225-2, al. 1er) ;
- lorsque l'agrément a été refusé ou n'a pas été délivré dans le délai légal si le tribunal « estime que les requérants sont aptes à accueillir l'enfant et que celle-ci est conforme à son intérêt » (art. 353-1, al. 2).

■ Le placement en vue de l'adoption

Le placement en vue de l'adoption au foyer de l'adoptant consiste dans la ***remise effective de l'enfant*** aux futurs adoptants.

Le placement empêche les parents par le sang de demander la restitution de l'enfant.

■ Le jugement d'adoption plénière

Le ***tribunal de grande instance*** du lieu où demeure le requérant est compétent pour prononcer l'adoption à condition que le demandeur demeure en France.

La requête est présentée soit par la personne seule, soit par le couple qui désire adopter l'enfant, ***dans les 6 mois au moins du début du placement*** de l'enfant au foyer des adoptants.

Le tribunal vérifie si les conditions posées par la loi sont remplies et si l'adoption est conforme à l'intérêt de l'enfant.

Le tribunal peut ***entendre le mineur*** capable de discernement (art. 353, al. 2). Le tribunal doit également vérifier si l'adoption ne risque pas de compromettre la vie familiale en présence d'autres descendants. La décision prononçant l'adoption n'est pas motivée.

La procédure est purement ***gracieuse*** et doit demeurer ***secrète***. Les débats ont lieu en chambre du conseil. Le dispositif du jugement ne doit pas mentionner le nom d'origine de l'enfant. Le jugement est prononcé en audience publique.

Le jugement peut se limiter à prononcer une adoption simple à condition que le requérant en soit d'accord.

Les parents par le sang peuvent attaquer le jugement prononçant l'adoption par la voie de la ***tierce opposition*** pendant 10 ans en cas de dol ou de fraude imputable aux adoptants personnellement : « constitue un dol [...] la dissimulation au tribunal du maintien des liens entre l'enfant adopté et un tiers, décidé par le juge aux affaires familiales sur le fondement de l'article 371-4 ». Les parties à l'instance peuvent contester le jugement par la voie de l'***appel*** qui leur est ouvert dans les 15 jours. Il est également ouvert aux tiers auxquels la décision a été notifiée. Le pourvoi en ***cassation*** leur est ouvert dans les conditions du droit commun.

La décision est transcrite sur les ***registres de l'état civil*** du lieu de naissance de l'adopté. Cette formalité doit s'effectuer dans les 15 jours de la date à laquelle la décision est passée en force de chose jugée, à la requête du procureur de la République.

3 Les effets de l'adoption plénière

L'adoption confère une nouvelle filiation à l'adopté (art. 355 et s.). « L'adopté a, dans la famille de l'adoptant, les mêmes droits et les mêmes obligations qu'un enfant né dans ou hors mariage » (art. 358).

L'adoption plénière opère une ***rupture totale des liens de l'adopté avec sa famille d'origine*** : perte de son nom d'origine et de toute vocation successorale dans sa famille par le sang, disparition de l'obligation alimentaire. L'acte de naissance est annulé. En revanche, les empêchements à mariage subsistent.

L'adopté prend le ***nom*** de l'adoptant. En cas d'adoption de l'enfant du conjoint ou d'adoption d'un enfant par deux époux, l'adoptant et son conjoint ou les adoptants choisissent, par déclaration conjointe, le nom de famille dévolu à l'enfant : soit le nom de l'un d'eux, soit leurs deux noms accolés dans l'ordre choisi par eux, dans la limite d'un nom de famille pour chacun d'eux (art. 357, al. 2). Cette faculté de choix ne peut être exercée qu'une seule fois. Si les adoptants avaient déjà des enfants, l'adopté portera le même nom que ses frères ou sœurs (art. 357, al. 4). Lorsque les adoptants ou l'un d'entre eux portent un double nom de famille, ils peuvent, par une déclaration écrite conjointe, ne transmettre qu'un seul nom à l'adopté (art. 357, al. 6). En l'absence de déclaration conjointe de choix de nom, l'enfant prend le nom de l'adoptant et de son conjoint ou de chacun des deux adoptants, dans la limite du premier nom de famille pour chacun d'eux, accolés selon l'ordre alphabétique.

L'adopté a dans sa nouvelle famille les mêmes ***empêchements à mariage***, la même ***vocation successorale***, les mêmes créances et obligations alimentaires que s'il avait été un enfant né du mariage.

L'***autorité parentale*** est exercée par le ou les adoptants.

L'adoption plénière est ***irrévocable***. Elle fait entrer l'adopté définitivement dans la famille de l'adoptant.

L'adoption simple

Chapitre 15

L'adoption simple est beaucoup moins exigeante dans ses conditions et moins radicale dans ses effets que l'adoption plénière. Certaines règles relatives à l'adoption plénière sont cependant applicables à l'adoption simple (art. 361).

1 Les conditions de l'adoption simple

■ *Les conditions concernant la personne de l'adoptant*

Comme l'adoption plénière, l'adoption simple peut être opérée par un couple ou par une personne seule.

Les conditions tenant à l'âge de l'adoptant, à la durée du mariage ou à l'autorisation du conjoint sont les mêmes que pour l'adoption plénière (art. 361).

L'adoption simple est particulièrement adaptée pour l'***enfant du conjoint*** dans la mesure où elle ne le coupe pas de sa première famille. Les limitations prévues pour l'adoption plénière à l'article 345-1 du Code civil ne sont pas applicables à l'adoption simple (v. *supra*).

■ *Les conditions concernant la personne de l'adopté*

L'âge de l'adopté est indifférent (art. 360, al. 1er).

Toute personne peut faire l'objet d'une telle adoption, qu'elle soit ***mineure ou majeure***.

Dès lors que l'adopté atteint l'âge de 13 ans, il doit consentir personnellement à son adoption (art. 360, al. 3). Le consentement des père et mère ou du conseil de famille est cependant nécessaire dans les mêmes conditions que pour l'adoption plénière.

■ *Les conditions tenant aux rapports entre l'adopté et l'adoptant*

L'adoptant doit avoir ***au moins plus de 15 ans*** que l'adopté (art. 344 et 361).

Adoptant et adopté peuvent être déjà liés par un lien de parenté.

« L'enfant précédemment adopté par une seule personne, en la forme simple ou plénière, peut l'être une seconde fois, par le conjoint de cette dernière, en la forme simple » (art 360, al. 4).

2 La procédure de l'adoption simple

Le placement au foyer de l'adoptant n'est pas nécessaire.

L'***agrément*** est toujours indispensable en cas d'adoption d'un enfant pupille de l'État.

La procédure débute par le dépôt d'une requête par l'adoptant.

Le tribunal vérifie si les conditions de l'adoption ont été respectées et si l'adoption est opportune. Le tribunal vérifie également si, en présence d'autres descendants, l'adoption ne risque pas de ***compromettre la vie familiale***.

La finalité de l'adoption ne doit pas être étrangère au but de l'institution.

Les ***voies de recours*** contre le jugement sont également l'appel, la cassation et la tierce opposition, dans les mêmes conditions que pour l'adoption plénière.

3 Les effets de l'adoption simple

Les effets de l'adoption simple ne sont ***pas rétroactifs*** : ils remontent au moment du dépôt de la requête.

L'adopté reste dans sa famille d'origine en même temps qu'il entre dans la famille de l'adoptant.

■ *La situation de l'adopté dans sa famille d'origine*

L'adopté ***reste dans sa famille d'origine***. Il y conserve ses droits successoraux (art. 364, al. 1er). Il garde son nom d'origine, sauf si une demande contraire est faite au juge.

Les parents par le sang ne sont plus tenus à l'obligation alimentaire envers cet enfant sauf s'il ne reçoit rien de la part de l'adoptant.

La famille d'origine perd ***l'autorité parentale*** sur l'enfant mais peut obtenir un droit de visite. Si l'adoptant décède, les véritables parents ne retrouveront pas leur autorité parentale. Le droit commun de la tutelle s'appliquera.

Les ***prohibitions à mariage*** s'appliquent entre l'adopté et sa famille d'origine (art. 364, al. 2).

■ La situation de l'adopté dans la famille de l'adoptant

L'adopté peut ajouter le ***nom*** de l'adoptant au sien (art. 363, al. 1er). Lorsque l'adopté et l'adoptant, ou l'un d'entre eux, portent un double nom de famille, le nom de l'adoptant est ajouté à celui de l'adopté dans la limite d'un nom pour chacun d'eux. Le choix appartient à l'adoptant. L'adopté âgé de plus de 13 ans doit consentir par écrit au choix du nom d'origine conservé et à l'ordre des deux noms. En cas de désaccord ou à défaut de choix, l'enfant portera son premier nom d'origine ainsi que le premier nom de l'adoptant (art. 363, al. 2). En l'absence de choix des adoptants ou en cas de désaccord entre eux ou à défaut d'accord de l'adopté de plus de 13 ans, seul doit être conservé le premier nom de l'adopté (art. 363, al. 2).

En cas d'***adoption par les deux époux***, l'enfant portera son nom d'origine ainsi que le nom de l'un des deux adoptants (art. 363, al. 3). Si l'adopté porte un double nom de famille, les adoptants choisissent le nom conservé ainsi que l'ordre des noms, à condition de recueillir le consentement personnel de l'adopté âgé de plus de treize ans. En l'absence de choix des adoptants ou en cas de désaccord entre eux ou à défaut d'accord de l'adopté de plus de 13 ans, le nom de l'adopté sera le premier nom de l'adopté selon l'ordre alphabétique auquel s'ajoutera en seconde position le premier nom des adoptants selon l'ordre alphabétique (art. 363, al. 3).

En cas d'***adoption simple de l'enfant du conjoint***, le nom de l'adoptant est ajouté ou substitué au nom d'origine de l'enfant adopté, sous réserve de son consentement s'il est majeur ou âgé de plus de 13 ans.

À la ***demande de l'adoptant***, le tribunal peut décider que :

- l'adopté ne portera que le nom de l'adoptant. En cas d'adoption par deux époux, le nom de famille substitué à celui de l'adopté peut, au choix des adoptants, être soit celui de l'un d'eux, soit leurs deux noms accolés dans l'ordre choisi par eux et dans la limite d'un seul nom pour chacun d'eux ;
- l'enfant adopté par le conjoint de son parent conservera son nom d'origine.

Cette demande peut également être formée postérieurement à l'adoption. Le ***consentement de l'adopté*** est nécessaire s'il est âgé de plus de 13 ans.

Le tribunal qui prononce l'adoption modifie les prénoms de l'enfant sur la demande du ou des adoptants (art. 361 et 357, al. 3).

L'adopté peut percevoir des ***aliments*** de la part de l'adoptant et lui en doit également.

Il est soumis aux ***empêchements à mariage*** découlant de son entrée dans une nouvelle famille.

Il est considéré comme un ***enfant né du mariage*** : il a dans la succession de l'adoptant la même vocation successorale qu'un enfant né du mariage. Il a la qualité d'héritier réservataire vis-à-vis de ses parents adoptifs mais pas à l'égard de ses grands-parents adoptifs qui peuvent l'exclure de leur succession.

Si l'adopté décède en présence de descendants, la ***dévolution successorale*** se fera selon le droit commun. S'il meurt sans postérité, les adoptants possèdent un droit de retour sur les biens qu'ils avaient donné à l'adopté ; de même pour les biens reçus de ses père et mère qui retournent dans la famille d'origine de l'adopté. Le reste de la succession se partage par moitié entre les deux familles.

4 La révocation de l'adoption simple

La loi du 14 mars 2016 relative à la protection de l'enfant a modifié de façon substantielle les conditions de la révocation : avant l'entrée en vigueur de ce nouveau texte, la révocation de l'adoption simple pouvait être prononcée à la demande de l'une des deux parties (art. 370, al. 1er, anc.). Désormais, il convient de distinguer entre l'adopté majeur et l'adopté mineur :

- lorsque l'adopté est majeur, l'adoption peut être révoquée à la demande de ce dernier ou de l'adoptant ;
- lorsque l'adopté est mineur, la révocation de l'adoption ne peut être demandée que par le Ministère public.

Les ***motifs*** invoqués en vue de la révocation de l'adoption ***doivent être graves*** et sont appréciés par le juge.

La révocation de l'adoption simple est sans effet sur la modification du prénom (art. 370-2).

BIBLIOGRAPHIE

– Batteur (A.), *Droit des personnes, des familles et des majeurs protégés*, 10e éd., 2019, LGDJ-Lextenso, coll. « Manuels » ; (sous la direction de), *Les grandes décisions du droit des personnes et de la famille*, 2e éd., 2016, LGDJ-Lextenso.

– Beignier (B.), Binet (J.-R), *Droit des personnes et de la famille*, 4e éd., 2019, LGDJ-Lextenso, coll. « Cours ».

– Bernard-Xémard (C.), *Cours de droit des personnes et de la famille*, 5e éd., 2019, Gualino-Lextenso, coll. « Amphi LMD ».

– Buffelan-Lanore (Y.) et Larribeau-Terneyre (V.), *Droit civil : Introduction, personnes, famille*, 20e éd., 2017, Dalloz-Sirey, coll. « Sirey-Université ».

– Carbonnier (J.), *Droit civil, Volume 1, Introduction. Les personnes, L'enfant, Le couple*, 2004, PUF, coll. « Thémis ».

– Egea (V.), *Droit de la famille*, 2e éd., 2018, Lexis-Nexis.

– Garrigue (J.), *Droit de la famille,* 2e éd., 2018, Dalloz, coll. « HyperCours ».

– Goubeaux (G.) et Voirin (P.), *Droit civil : Personnes, famille, incapacités, biens, obligations, sûretés*, Tome 1, 39e éd., 2019, LGDJ-Lextenso, coll. « Manuels ».

– Malaurie (Ph.) et Fulchiron (H.), *La famille*, 6e éd., 2018, Defrénois.

– Murat (P.) (sous la direction de), *Droit de la famille,* 7e éd., 2016-2017, Dalloz, coll. « Dalloz-Action ».

– Renault-Brahinsky (C.), *Droit des personnes et de la famille,* 19e éd., 2019, Gualino-Lextenso, coll. « Mémentos » ; *Le nouveau divorce sans juge*, 2017, Gualino-Lextenso, coll. « Droit en poche » ; *La loi de programmation 2018-2022 et de réforme pour la justice décryptée*, 2019, Gualino-Lextenso, coll. « Droit en poche ».

– Terré (F.) et Lequette (Y.), *Les grands arrêts de la jurisprudence civile*, Tome 2, 13e éd., 2015, Dalloz.

Achevé d'imprimer en juillet 2019
sur les presses de la Nouvelle Imprimerie Laballery – 58500 Clamecy
Dépôt légal : août 2019 N° d'impression : 907442
Imprimé en France

La Nouvelle Imprimerie Laballery est titulaire de la marque Imprim'Vert®